CW01666673

religions monothéistes

Jeannine Siat
Professeur d'histoire au lycée
Fustel-de-Coulanges à Strasbourg.
Agrégée d'histoire et docteur en histoire.

MÉMO

Seuil

MÉMO

COLLECTION DIRIGÉE PAR JACQUES GÉNÉREUX

EXTRAIT DU CATALOGUE

HISTOIRE

15. *Les Relations internationales depuis 1945.* Philippe Moreau Defarges
16. *La Construction européenne de 1945 à nos jours.* Pascal Fontaine
30. *Les Relations Est-Ouest depuis 1945.* Pascal Boniface
31. *Histoire des politiques sociales (Europe, XIXe-XXe siècle).* Francis Démier
43. *Croissance, Fluctuations et Crises (dans les économies industrielles de 1945 à nos jours).* Marc Nouschi
47. *L'URSS et la CEI depuis 1945.* Benoit Falaize
50. *La Ve République.* Éric Duhamel
59. *Le Conflit israélo-arabe (des origines à nos jours).* Gilles Martinez et Thierry Scotto di Covella
66. *Histoire des médias.* Gabriel Thoveron
67. *Les Relations internationales du milieu du XIXe siècle à 1939.* Jean-Rémy Bézias
68. *La France de 1848 à 1914.* Jean Garrigues
78. *Les Politiques économiques en France de 1914 à 1974.* Alexandre Fernandez
79. *La France de 1939 à 1945 (le régime de Vichy, l'Occupation, la Libération).* Gilles Martinez et Thierry Scotto di Covella
80. *La Population de la France de 1789 à nos jours (données démographiques et affrontements idéologiques).* Francis Ronsin
90. *La France dans le monde depuis 1945.* Guillaume Le Quintrec
91. *Les Fondements culturels du monde occidental.* Jean-Louis Bodinier et Jean Breteau
92. *Fascisme et Nazisme.* Jean-Claude Lescure
93. *La IIIe République.* Pierre-Marc Renaudeau
112. *Les Grandes Religions monothéistes.* Jeannine Siat
113. *La Shoah.* Gilles Martinez

ISBN 2-02-035848-4

SOMMAIRE

1. LES ÉCRITS DU JUDAÏSME

Le judaïsme se réclame de plusieurs textes fondamentaux : la Bible juive, ou « loi écrite », à savoir les livres de l'Ancien Testament écrits en hébreu et en araméen (sont exclus ceux qui ont été écrits en grec) – le cœur de ces livres est la Torah ; les *midrashim* et le Talmud, livres dits « loi orale », bien qu'écrits. L'ensemble s'inscrit dans l'histoire du peuple juif.

A. LA BIBLE

Ce qui est communément appelé Bible comprend une partie importante écrite avant notre ère, l'Ancien Testament, et une partie moins longue écrite au début de notre ère, le Nouveau Testament, qui regroupe les textes chrétiens. L'Ancien Testament contient les textes sur lesquels se fonde le judaïsme, la Bible hébraïque, ainsi que des textes écrits directement en grec, non retenus par le judaïsme.

a. La Bible hébraïque

Elle est formée par les livres que le synode (assemblée) des rabbins, les maîtres à penser juifs, réunis à Jamnia dans les années 90 de notre ère, a retenus et inscrits dans le canon (liste officielle) : vingt-quatre livres répartis en trois sortes d'écrits, la Torah, les Prophètes et les Écrits.

La **Torah**, ou **Loi**, est l'écrit fondateur pour les juifs. Elle comprend les cinq premiers livres de la Bible, appelés **Pentateuque** en grec : la Genèse, l'Exode, le Lévitique, les Nombres, le Deutéronome. Les **Prophètes** rapportent l'histoire du peuple juif à partir de son installation en terre d'Israël jusqu'à l'exil. Les **Écrits** sont surtout des livres de prière, de réflexion et de sagesse.

b. La Septante

Suite aux conquêtes menées par Alexandre, la langue grecque se répand dans le Bassin méditerranéen et, à la suite de troubles en Palestine (▶ **chapitre 1, 2**), des communautés juives s'installent dans les cités grecques. C'est la dispersion, ou Diaspora. Une brillante communauté se développe à Alexandrie. Ces juifs s'hellénisent et le besoin de traduire la Bible en grec s'impose.

Cette traduction s'étale sur deux siècles, bien que la légende rapportée par la *Lettre d'Aristée*, un faux du IIe siècle avant notre ère, raconte qu'à la demande de Ptolémée II (285-247 av. J.-C.), le grand prêtre Eléazar envoya à Alexandrie soixante-douze sages (six par tribu) pour traduire la Torah. Ce travail aurait été achevé en soixante-dix jours. D'où le nom de **Septante**. A cette traduction se joignent de nouveaux livres, une dizaine, écrits directement en grec. L'ensemble, traduction des livres hébreux et nouveaux livres écrits en grec, forme l'Ancien Testament de la Bible chrétienne.

B. CONTENU DES LIVRES DE LA BIBLE HÉBRAÏQUE

a. La Torah

Les cinq livres de la Torah sont le fondement de la foi et de la vie religieuse du juif. Il y trouve non seulement l'organisation de sa vie cultuelle et religieuse, mais aussi un code moral qui lui permet de vivre et de rester en présence de son Dieu.
– La **Genèse** est le livre des origines : d'abord la création du monde ; ensuite l'épopée des patriarches Abraham, Isaac et Jacob, enfin la descente en Égypte avec Joseph.
– L'**Exode** rapporte la sortie d'Égypte des Hébreux, leur séjour dans le désert, la remise de la Loi à Moïse, le texte de cette Loi, code de l'Alliance de Dieu avec son Peuple.
– Le **Lévitique** contient l'organisation du culte, les obligations cultuelles et légales.
– Les **Nombres** (livre ainsi appelé parce qu'il commence par le recensement des tribus d'Israël) prolongent le livre de l'Exode et expliquent les pratiques de la vie cultuelle et sociale du peuple d'Israël.
– Le **Deutéronome**, ou deuxième Loi, est une relecture de la Loi. Il est considéré comme le testament laissé par Moïse aux Hébreux.
Ces cinq livres constituent la Loi. Les juifs seront jugés d'après ce code, dans tout le Bassin méditerranéen, jusqu'au Moyen Age.

b. Les Prophètes

Font partie de cette catégorie les livres à caractère historique et les livres attribués aux prophètes, porte-parole de Dieu.

- **Livres historiques**

– **Livre de Josué :** Josué succède à Moïse pour conduire les Hébreux à la conquête de la Terre promise ;
– **Livre des Juges :** ces chefs prophétiques rappellent aux Hébreux leurs devoirs envers Dieu : Gédéon, Samson, Deborah, Jephté ;
– **Livres de Samuel :** ces deux livres racontent l'histoire des premiers rois (Saül et David) et la fondation du royaume de Juda ;
– **Livres des Rois :** ces deux livres narrent l'histoire des royaumes de Juda et d'Israël avec les successeurs de David.

Ces livres historiques sont aussi des livres d'édification morale. En effet, ils présentent la vie des rois ou des grands personnages en fonction de leur fidélité à Dieu : s'ils ne s'adonnent pas à l'idolâtrie, leur règne est couronné de succès. Le roi est le sage par excellence car il reçoit l'onction royale de la part du Seigneur, dont il est le « lieutenant » sur terre.

- **Livres prophétiques**

Ils contiennent les écrits et les agissements des prophètes **Isaïe, Jérémie, Ezéchiel**, ainsi que ceux des « douze petits prophètes » (petits par la brièveté de leurs écrits, non par leur contenu) : Osée, Joël, Amos, Abdias, Jonas, Michée, Nahum, Habacuc, Sophonie, Aggée, Zacharie, Malachie. Ces prophètes sont liés à l'histoire d'Israël car ils interviennent auprès des rois pour les ramener au culte du vrai Dieu s'ils s'en écartent, et les mettent en garde contre les dangers de leur temps. Ils tentent également de ramener le peuple au culte durant l'Exil à Babylone, de veiller à sa cohésion, de susciter parmi les exilés l'espoir du retour.

c. Les Écrits

Ils sont formés par onze livres. Certains s'apparentent à des livres historiques : **Ruth** parle des ancêtres du roi David ; **Esdras** et **Néhémie** évoquent le retour de l'exil à Babylone et les difficultés de la reconstruction de Jérusalem et du Temple… Les **Chroniques** sont une relecture des livres des Rois.

Les autres livres de cette catégorie sont soit hagiographiques (**Job, Esther, Daniel**, dont les figures sont des modèles pour les juifs), soit de réflexion sur la vie (**Proverbes, Ecclésiaste** ou **Qohélet**), soit enfin de prières (**Psaumes** et **Cantique des cantiques**, un poème d'amour).

C. LA FORMATION DU TEXTE

a. Avant la royauté

Jusqu'au XIe siècle avant notre ère, la tradition est surtout orale. La période des patriarches (1800-1200 av. J.-C.), dont l'épopée est contenue dans le livre de la Genèse, n'a laissé pratiquement aucune trace historique. A partir de Moïse (environ – 1200), il est probable que les textes fondateurs soient mis par écrit (que l'on pense aux Tables de la Loi). Ils sont repris dans un ensemble lorsque le roi David (environ – 1000) se dote d'une chancellerie et de scribes. Ces textes anciens sont imagés. Dieu est désigné par le tétragramme YHWH (Yahweh). Ce sont les écrits « yahwistes » du Pentateuque. Dieu est aussi désigné par les noms **Adonaï, El, Élohim** (▶ **chapitre 3, A, c**).

b. De la royauté à l'Exil

Après la séparation en deux royaumes au IXe siècle avant notre ère, apparaissent les récits où Dieu est appelé Élohim, d'où le nom d'écrits « élohistes ». Au cours des âges, les traditions des deux royaumes sont fondues en un seul écrit, ce qui explique que l'on trouve parfois deux récits juxtaposés pour un même événement : par exemple la création ou le Déluge. Le récit élohiste est plus sobre que le récit yahwiste. Au VIIIe siècle, une nouvelle lecture de cet ensemble apporte des retouches aux textes anciens et aboutit à un nouveau livre, le Deutéronome. De cette haute époque datent la plus grande partie de la Torah et l'essentiel des livres historiques et prophétiques.

c. Après l'Exil

Les années d'exil à Babylone (587-538 av. J.-C.) ont amené les Hébreux à innover. En l'absence de temple, le culte se tient désormais à la synagogue, sans sacrifice. Cette nouvelle situation favorise la réflexion menée par la classe sacerdotale. Les textes vont s'enrichir d'écrits liturgiques et juridiques, de généalogies. Deux récits marquent le retour de l'Exil : Esdras et Néhémie. Au IVe siècle avant notre ère la Bible hébraïque est achevée.

D. LES AUTRES ÉCRITS

La Bible va susciter, dans les siècles qui suivent le retour de l'Exil et bien après, des commentaires et des interprétations.

a. Les écrits rabbiniques

Le judaïsme rabbinique s'est développé, comme tradition orale, du IIe siècle avant notre ère au Ve siècle. Cette tradition, mise par écrit au IIe siècle, constitue la **Misnah**. Elle se développera encore et sera à nouveau mise par écrit pour former le **Talmud**, lui-même composé de deux traditions, celle de Jérusalem et celle de Babylone. Leurs commentaires et discussions éclairent le sens de la Bible, et permettent des applications concrètes de la Loi.

b. Les *midrashim*

Midrash vient d'un mot signifiant « examiner », « apprendre ». Les *midrashim* constituent un genre littéraire particulier : ils entendent donner une interprétation de la Loi écrite sous forme de paraphrases édifiantes, de sermons. Ils sont en germe dans le Talmud. Ces commentaires se sont enrichis au cours des siècles. La Torah, le Talmud et les *midrashim* forment le code de vie du judaïsme.

2. L'HISTOIRE DU PEUPLE JUIF

Issus d'un peuple sémite du Proche-Orient, les Hébreux vivront pendant quelques siècles sous une monarchie. Au fur et à mesure de la perte de tout pouvoir politique, la cohésion du peuple juif sera assurée par la vénération de la Loi et le culte du Temple. Après la destruction de celui-ci, les écrits et le culte synagogal maintiendront le judaïsme à travers le temps.

A. AVANT L'EXIL

a. Les ancêtres : les patriarches

Tout au long du IIe millénaire, des groupes de Sémites, nomades, se déplacent sur la frange du Croissant fertile. Les patriarches s'inscrivent dans ces grandes migrations. Abraham vient d'Haran, en Chaldée, mais il est originaire d'Ur. Son fils Isaac et, après lui, Jacob restent d'ailleurs fidèles à leur région d'origine ; ils y prennent leurs épouses, et non parmi les Cananéens auprès desquels ils nomadisaient. Ces migrations venant du nord se situent vraisemblablement autour de 1850 avant J.-C.
L'histoire de Joseph, vendu par ses frères et emmené en Égypte où il sauve le pays de la famine, ne peut se situer, elle, que pendant une période de trouble politique en Égypte, soit celle du

règne des Hyksos, de 1650 à 1550 avant J.-C., soit celle du règne d'Akhenaton, de 1377 à 1358.

Cette histoire des patriarches est racontée dans le livre de la Genèse. Elle est précédée par un récit de la création du monde, de l'homme et de ses premiers descendants, de leurs méfaits, du Déluge purificateur. Ces récits ne sont pas historiques au sens contemporain du terme; les auteurs bibliques veulent montrer que :

– Dieu est à l'origine de toute création;
– les Patriarches ont découvert l'existence de ce Dieu unique conduisant leur destin;
– cette découverte fait des patriarches les pères de la foi.

b. Moïse et l'Exode

Vers 1200 avant J.-C. apparaît, dans l'histoire du peuple juif, un personnage qui va jouer un rôle considérable dans l'unification des Hébreux, Moïse. Ce chef, instruit à la cour du pharaon, se met à leur tête pour les faire sortir d'Égypte et les ramener en terre de Canaan, la « Terre promise ». Pendant leur pérégrination dans le désert du Sinaï, Moïse dote le peuple d'un code, loi religieuse que lui a transmise Dieu, mais aussi loi cultuelle et sociale. Les douze tribus d'Israël, c'est-à-dire les descendants des douze fils de Jacob, sont devenues le peuple d'Israël. Sous la direction de Josué, successeur de Moïse, les Hébreux s'installent progressivement sur la terre de Canaan, non sans mal parfois. Les livres de l'Exode, des Nombres, de Josué et celui des Juges en révèlent quelques péripéties.

c. David, Salomon et leurs successeurs

Après une période de flottement, le peuple d'Israël se structure et se constitue en royaume, dont l'apogée se situe sous les règnes de David et de Salomon, du Xe au IXe siècle avant J.-C.

Le roi **David**, de la tribu de Juda, achève la conquête par la prise de la ville des Jébuséens, Jérusalem, et il y établit sa capitale. Le royaume s'étend alors du mont Hermon (au nord) jusqu'à la mer Morte (au sud), et de la côte méditerranéenne jusqu'au-delà du Jourdain. La monarchie établie par David est restée un idéal pour les Israélites et un modèle pour tous les rois. On verra en lui le psalmiste par excellence.

Salomon, le deuxième fils de David, succède à son père en 972 et va régner durant quarante ans. Il est le symbole de la sagesse royale. On lui attribue d'ailleurs, à tort, à cause de cette réputation, la rédaction de plusieurs livres de l'Ancien Testament. Il renforce la monarchie et fait construire des villes fortifiées, un superbe palais à Jérusalem et, tout près, un temple magnifique dédié à YHWH, dont, même après sa disparition, la renommée reste gravée dans la mémoire. Désormais, Jérusalem est le centre de culte unique pour tous les Hébreux, et attire toutes les tribus les jours de fêtes. La splendeur de ce royaume est rapportée par les livres des Rois et les Chroniques.

Pourtant Salomon ne sut pas maintenir l'unité de son royaume. La lourdeur des impôts et l'opposition des milieux prophétiques à la trop grande tolérance religieuse de Salomon en faveur des cultes païens pratiqués par ses épouses provoquent des mouvements séparatistes, surtout dans le Nord. Après sa mort, le royaume va se diviser en deux : le Royaume d'Israël au nord, avec dix tribus (capitale : Samarie), et le royaume de Juda au sud (capitale : Jérusalem).

Les descendants de Salomon ne s'entendent pas et les deux royaumes seront bien souvent rivaux. Ces querelles et l'instabilité dynastique d'Israël font de ces États des proies faciles pour les puissants voisins. L'expansion assyrienne met fin au royaume du Nord en 721. Le royaume du Sud en recueille les restes, en particulier le courant prophétique qui va amener un renouveau religieux. Mais le royaume de Juda subit, lui aussi, les visées du puissant voisin. Il s'écroule en 587 sous l'assaut des Babyloniens de Nabuchodonosor. Jérusalem est pillée, le Temple est détruit, l'élite de la population, dont le roi, est déportée à Babylone et en Mésopotamie. Certains Hébreux quittent le pays et s'installent en Égypte : c'est le début de la Diaspora. La chute de Jérusalem met fin à l'indépendance politique du royaume de Juda.

B. APRÈS L'EXIL

a. Un retour difficile

Les Hébreux vont rester durant cinquante ans en exil. Cette période est capitale pour l'évolution de leur religion. Elle verra la rédaction définitive de la Bible.

Grâce à un édit de 538 du roi Cyrus de Perse, désormais maître de la région, les descendants du royaume de Juda, les **Juifs**, peuvent rentrer à Jérusalem. Ils reconstruisent, avec beaucoup de difficultés (voir les livres d'Esdras et de Néhémie), un temple bien plus petit que le Temple de Salomon et réorganisent le culte, qui rayonne désormais sur la Diaspora. Seuls des Hébreux du royaume du Nord, qui n'ont pas été déportés, conservent le culte ancien : ce sont les samaritains, considérés comme des hérétiques par les juifs.

La région ne connaît pas la paix : en 333, après la conquête d'Alexandre, l'hellénisme se développe dans le pays. L'intransigeance d'Antiochos IV, qui veut suspendre le culte juif jusque-là respecté, provoque la révolte des Maccabées et le retour éphémère d'une dynastie juive, les Asmonéens. Mais, en 63, la conquête de Pompée met fin à cette fragile indépendance et la province devient la Palestine romaine.

b. La Palestine romaine

Les Romains laissent le pouvoir à un roi de la région, l'Iduméen Hérode, dit le Grand. Celui-ci est mal accepté, car lui-même n'est pas juif et il collabore avec l'occupant. Il fait construire des bâtiments somptueux pour se concilier les Juifs : un nouveau Temple, superbe, à Jérusalem, un mausolée pour les patriarches à Hébron. Mais, face au pouvoir romain, la situation des Juifs devient de plus en plus difficile. La révolte se généralise en 66 de notre ère. La riposte romaine, la « pacification » que rapporte Flavius Josèphe dans *La Guerre des Juifs*, aboutit en 70 à la destruction partielle de Jérusalem par Titus et à l'incendie du Temple, qui venait à peine d'être achevé. Cette campagne s'achève par le suicide collectif de Massada. Une nouvelle révolte éclate en 135, sous l'empereur Hadrien. Elle est réprimée avec énergie : l'empereur fait raser Jérusalem et reconstruire sur le site une ville romaine, Aelia Capitolina. Aucun Juif n'a le droit d'accéder à la ville jusqu'à Constantin. Les Juifs survivants se réfugient au nord, en Galilée, ou rejoignent Babylone et d'autres villes de l'empire.

A l'époque chrétienne, les juifs retrouveront la liberté de circuler et de pratiquer leur culte partout. L'Empire byzantin ne se fera menaçant qu'au moment des grandes invasions, car il craint la collusion des juifs avec les Perses. Au IXe siècle, l'islam, plus intransigeant, instaure la dhimmitude (ou « protection ») pour les juifs comme pour les chrétiens : véritable sujétion, elle contraint à payer des impôts supplémentaires et entraîne des obligations civiles et politiques parfois vexatoires. L'utilisation de l'arabe est imposée à la région ; les départs vers l'Occident se multiplient.

3. LA RELIGION JUIVE

La religion juive est l'héritière de la religion des Hébreux. Le peuple juif est le peuple de l'Alliance et de la Loi. Le judaïsme, dit rabbinique, celui qu'on connaît de nos jours, s'est constitué autour du Temple, entre le IIe siècle avant J.-C. et les deux premiers siècles de notre ère.

A. LA RELIGION DE MOÏSE

a. L'Alliance

Conclue avec Noé, l'Alliance de Dieu avec son Peuple se poursuit à travers l'histoire des patriarches. Elle atteint son apogée au Sinaï, avec la remise de la Loi à Moïse, au cours d'une théophanie grandiose. Cette notion d'alliance est l'une des caractéristiques fondamentales de l'histoire des Hébreux qu'intégrera le judaïsme. Signe de la proximité du Dieu d'Israël dans l'histoire humaine, elle veut signifier la fidélité de ce Dieu envers son Peuple. La tradition fait remonter aux patriarches la coutume de circoncire les enfants mâles.

b. La Loi

Le mot « loi », traduction habituelle du mot hébreu *torah*, donne un sens trop limitatif, de même que sa traduction grecque *nomos* ou sa traduction latine *lex*. La Torah comporte très peu de préceptes, elle est l'enseignement qui mène à Dieu, elle organise la vie liturgique avec ses fêtes et ses rituels, elle est enfin un code social qui permet de vivre en commun, au milieu d'autres peuples tout en préservant l'Alliance conclue avec Dieu.
Elle présente une nouveauté absolue par rapport à toutes les lois qui existaient dans le monde méditerranéen, et que Moïse ne pouvait ignorer à cause de son éducation égyptienne. Alors que celles-ci se fondent sur des relations sociales hiérarchiques, autour d'un roi, représentant de la divinité, et des sujets esclaves, soumis à une obéissance totale, dans la loi juive les hommes sont égaux, car égaux devant Dieu. Au temps de la royauté d'Israël, les prophètes se feront un devoir de rappeler aux rois leur condition humaine, qu'ils ont tendance à oublier.

c. Le nom de Dieu

Avant l'Alliance au Sinaï le Dieu des Hébreux est souvent appelé **El**, Dieu puissant, ou **Élohim**, le pluriel de majesté qui signifie qu'en ce Dieu se concentre tout le divin. Après l'Exode, le culte officiel mentionne plutôt le nom de Yahweh. Ce mot, transcrit par le tétragramme **YHWH**, est conservé dans l'un des plus anciens textes de la Bible (Juges 5,4-5) ; c'est celui sous lequel le Dieu des patriarches se révèle à Moïse, au Sinaï (Exode 3,14).
Le culte à YHWH semble avoir pris naissance dans le sud d'Israël, probablement durant la période de l'Exode.
On ne peut pas voir Dieu, il est indicible, insaisissable ; on ne peut pas prononcer son nom. On dit **Adonaï** (« mon Seigneur ») ou **Shema** (« le nom »). La prononciation du tétragramme est fondée sur une – hypothétique – transcription grecque .

B. LE JUDAÏSME DU IIe SIÈCLE AVANT J.-C. AU IIe SIÈCLE APRÈS J.-C.

a. Le Temple

Jusqu'en 70 de notre ère, le Temple de Jérusalem est le lieu où l'on se rend pour la prière. On y lit les livres saints, on les commente, on chante des psaumes. Mais le Temple est aussi le seul lieu de culte juif où l'on offre des sacrifices : privés pour des rites de purification ou d'action de grâces, et surtout communautaires lors des grandes fêtes. Celles-ci attirent les juifs de toute la Diaspora. Autour du Temple gravitent des desservants, des responsables et aussi des maîtres avec leurs disciples, qui forment des écoles de tendances diverses. Après la destruction du Temple, il n'y aura plus de culte sacrificiel dans le judaïsme, seules subsisteront les réunions synagogales.

b. Les pharisiens

Ce mot signifie « séparé ». Les pharisiens se sont en effet opposés aux Asmonéens, dirigeants politiques et religieux issus de la dynastie des Maccabées. Ils sont fidèles à la Loi et à la tradition, qu'ils étudient et qu'ils enseignent. Laïcs pieux, aimés du peuple, ils croient en la résurrection et en la rétribution divine. Mais leur formalisme est bien connu.

c. Les sadducéens

Descendants de Saddoq, grand prêtre de David, ils appartiennent à la classe sacerdotale et, pour la plupart, sont issus des familles riches. Ils s'opposent aux pharisiens car ils refusent la tradition orale et ne croient pas en la résurrection des morts. Le peuple les craint car les décisions du sanhédrin, assemblée que les sadducéens contrôlent et qui tient lieu de tribunal, peuvent exclure les juifs de la communauté. L'exclu est alors assujetti à la loi romaine. Les sadducéens pactisent volontiers avec l'occupant car ils redoutent de perdre leur autorité sur le Temple. Ils disparaîtront avec lui.

d. Les lévites

Ils appartiennent à la tribu de Lévi. Ils sont chargés d'assurer le culte du Temple, à tour de rôle, sous l'autorité des sadducéens. Avec la destruction du Temple, ces catégories religieuses traditionnelles disparaissent. Les rabbins (docteurs) hériteront de leur pouvoir et seront chargés de l'étude et de l'enseignement des écrits. D'eux viendra le Talmud.

e. Les autres courants

Le judaïsme du Ier siècle est traversé par de nombreux courants. Les **esséniens**, des ascètes, s'estiment être les seuls purs et vivent à l'écart, soit dans les villes, soit encore dans le désert, en communauté, autour d'un maître de justice. Ils sont mieux connus depuis les découvertes faites à partir de 1947, aux environs de Jéricho, à Qumran, dans le désert de Juda. Les **samaritains**, « frères séparés » pour le judaïsme officiel depuis le retour de l'Exil (538), ont leur temple sur le mont Garizim et refusent de fréquenter celui de Jérusalem. Les **zélotes** forment un parti politique combatif qui prône la résistance à l'occupant romain afin de rétablir l'ancien royaume d'Israël. Ils rejoignent en cela certains courants messianiques (messie signifie « l'oint », « le roi ») qui attendaient un messie en vue de rétablir le royaume. Les **sicaires** n'hésitent pas à assassiner leurs adversaires.
La chute du Temple est vécue par les juifs comme un anéantissement, un désastre comparable à la fin du monde.

C. LA LOI AU CŒUR DU JUDAÏSME

La Loi et le Talmud rythment la vie juive.

a. Les fêtes

Chaque année des fêtes rappellent les grands événements de l'histoire d'Israël.

● **La Pâque**, ou **Pessah** (« passage »), commémore la sortie d'Égypte avec le passage de la mer Rouge. Elle a lieu le 14 du mois de nisan, c'est-à-dire à la première pleine lune du printemps. A l'époque du Temple, on y faisait le sacrifice d'un agneau d'un an, rôti et consommé en famille. De nos jours, la fête comprend des prières et des chants de psaumes à la synagogue et un rituel domestique avec un repas qui rappelle la sortie d'Égypte : on y consomme en effet des herbes amères et des pains azymes ; ceux-ci sont servis dans une vaisselle – coupes et plats – réservée pour la fête. Surtout, la maison doit être purifiée de toutes les souillures de l'année.

● **La Pentecôte**, ou **Shavou'ot** (= cinquante, parce qu'elle est célébrée sept semaines plus un jour après la Pâque), rappelle la remise de la Loi à Moïse au Sinaï. A l'époque du Temple, les juifs se rendaient à Jérusalem pour y faire des offrandes car il s'agissait aussi d'une fête des moissons.

● **La fête des Tentes**, ou **Soukkot** (ou encore fête des Cabanes), dure huit jours et rappelle le séjour dans le désert du peuple d'Israël. Elle a lieu en automne. A l'époque du Temple, elle était la troisième fête de pèlerinage à Jérusalem. De nos jours, on organise une procession dans les synagogues et chacun y porte un bouquet de quatre rameaux. A la maison, on érige une cabane en branchages qui rappelle l'habitat précaire du désert ; on y passe quelques moments durant la journée.

● **Le nouvel an**, ou **Rosh-ha-Shana**, est le souvenir de la création. Cette fête est suivie de dix jours de pénitence et s'achève par le jour du **Grand Pardon**, ou **Yom Kippour**, la fête la plus observée du judaïsme. Tout homme doit alors se mettre en accord avec Dieu et avec son prochain. Elle commémore le jour où Moïse est descendu du Sinaï avec les secondes Tables de la Loi. Elle a lieu en automne.

● **La fête des Sorts**, ou **Pourim**, commémore l'action d'Esther qui sauva les juifs de l'extermination à l'époque perse. C'est aujourd'hui la fête des enfants, qui se déguisent ce jour-là.

● **La Dédicace du Temple**, ou **Hanoukka**, rappelle la nouvelle consécration du Temple après la victoire de Judas Maccabée sur Lysias en 163 avant J.-C. Elle a lieu en décembre. La fête dure huit jours : chaque jour on allume l'une des bougies du chandelier à huit branches, le chandelier habituel (la menorah) n'ayant que sept branches. C'est l'occasion d'échanges de cadeaux.

b. La piété personnelle

Tout juif pieux respecte les préceptes de la Loi. Les garçons sont circoncis le huitième jour après leur naissance ; la bar-mitswa, vers douze ans, est le rite d'intégration du jeune juif dans la communauté des croyants adultes, devant laquelle il lit et commente un texte de la Torah. Le sabbat, jour de repos et de fête, ponctue la semaine. Il rappelle le septième jour de la création, lorsque Dieu se reposa. Il commence le vendredi soir, quand la maîtresse de maison allume la bougie de la « lampe du sabbat », et s'achève le samedi soir. Le deuil donne lieu à une cérémonie au cours de laquelle on récite la prière des orphelins, le qaddish. L'enseignement de la Loi et la pratique du culte ont permis au peuple juif de maintenir son unité.

D. ÉVOLUTION DE LA PENSÉE JUIVE

a. Du Proche-Orient vers l'Occident

La conquête arabe du VIIe siècle transforme le judaïsme. Pendant trois siècles, le judaïsme babylonien tient un rôle de premier plan auprès des califes de Bagdad et rayonne sur tout l'Orient. Les juifs adoptent la nouvelle langue véhiculaire, l'arabe, véritable révolution. L'araméen est désormais utilisé par les spécialistes de la Bible. Le Talmud s'impose à la synagogue. La situation se détériore au Xe siècle, lors de la conquête seldjoukide.
Puis, du XIe au XIIIe siècle, les royaumes latins instaurent leur autorité. Brimades, interdictions et restrictions poussent les juifs à se déplacer vers le Nord et l'Ouest.

b. Le Moyen Age

En Espagne, où les juifs s'installent en nombre, le judaïsme connaît un renouveau intellectuel et spirituel, favorisé par les califes de Cordoue. Des tendances mystiques et eschatologiques apparaissent, qui s'imposent avec Juda **Halevi** (vers 1085-1141). Elles sont empreintes d'une réflexion sur la souffrance d'Israël en exil et sur l'espoir d'un retour dans la Jérusalem de Dieu. Un autre grand penseur, Moïse **Maïmonide** (vers 1135-1204), va faire la synthèse entre judaïsme et philosophie aristotélicienne. Ses écrits furent contestés par le judaïsme orthodoxe. Au XIIIe siècle, à partir de l'Espagne, naît la kabbale, doctrine ésotérique et cosmologique, mais aussi quête mystique de Dieu.

c. La période moderne et contemporaine

La mystique juive se développe également dans l'Europe germanique, d'où elle gagne l'Europe centrale et orientale. Elle donne naissance à un mouvement dynamique : le hassidisme. Son fondateur est Israël Ba'al Shem Tov (1700-1760). Il met l'accent sur l'ascèse et l'intériorisation de la Loi grâce à l'humilité et à l'adoration, qui permettent de vivre dans la joie. Cette doctrine sera enseignée par le rabbin de Loubavitch, en Biélorussie. Elle est vivante dans la communauté juive contemporaine, aussi bien en Europe qu'aux États-Unis et en Israël. Cette tendance du judaïsme est traversée de courants messianiques qui provoquent parfois une certaine effervescence.

Un autre courant, puissant lui aussi, enseigné par le philosophe Moïse Mendelssohn (1729-1786), prône l'insertion des juifs dans les États où ils séjournent, favorisée par les législations des XVIIIe et XIXe siècles. L'intégration dans les communautés nationales provoque un schisme entre ceux qui préfèrent poursuivre la vie dans les ghettos afin de préserver leur originalité et ceux pour qui il peut y avoir séparation entre religion et nationalité.

Au XIXe siècle une nouvelle menace pèse sur les juifs. Jusque-là, les États chrétiens faisaient souvent preuve d'antijudaïsme – la notion de liberté religieuse est une notion récente. Le fait que les juifs ne se convertissaient pas au christianisme restait incompréhensible. Avec la laïcisation des États va se développer l'antisémitisme. Celui-ci, qui peut ne pas être religieux, va commencer ses ravages en Europe orientale puis dans toute l'Europe, avec des conséquences de plus en plus atroces qui mèneront à la Shoah. Face à cette situation nouvelle, sous l'impulsion de **Theodor Herzl**, naît le sionisme, c'est-à-dire le désir du retour à Sion (Jérusalem) du peuple juif dispersé.

2 LE CHRISTIANISME

1. LES DÉBUTS DU CHRISTIANISME

Aux environs de l'an 30 de notre ère, Jésus est condamné à être crucifié par les autorités juives du Temple de Jérusalem et par le gouverneur romain de la province de Palestine. Les premiers l'accusent de s'être dit « Fils de Dieu », le second de troubler l'ordre public. Que sait-on de ce personnage ?

A. VIE ET ENSEIGNEMENT DE JÉSUS

Les Évangiles disent très peu de chose de la vie que Jésus a menée durant trente ans à Nazareth, auprès de ses parents, Joseph le charpentier et Marie. Seuls deux d'entre eux rapportent des faits touchant à sa naissance entre – 6 et – 3, à Bethléem. En revanche les quatre Évangiles ont le souci de présenter les trois années de sa vie publique. Il a prêché surtout dans le nord de la Palestine, en Galilée (à Capharnaüm) et à Jérusalem, où il se rendait pour les fêtes juives.

Sa prédication a suscité intérêt et condamnation. Intérêt parce que son message est simple. Il revient à l'essentiel de la religion juive, au Dieu du Sinaï, tel qu'Il s'est manifesté tout au long de l'histoire d'Israël. Il prêche la charité, l'amour envers tous, l'humilité, le partage. Il veut briser le carcan dans lequel les autorités juives ont peu à peu enfermé la religion juive et établir une nouvelle alliance spirituelle, dynamique, débarrassée des conformismes du judaïsme de son époque. Il se présente comme le « Messie », l'envoyé de Dieu, dont il révèle le royaume, et invite tous les hommes à changer de vie pour être dignes d'y accéder. Cet enseignement va à l'encontre de celui des pharisiens et des sadducéens, qui ne peuvent que le rejeter. Pourtant Jésus ne veut pas supprimer la Loi, mais la parfaire.

Les autorités juives considèrent Jésus comme une personne dangereuse pour le judaïsme. Aussi décident-elles de le supprimer. La condamnation à mort est obtenue de Ponce Pilate, à qui Jésus est présenté comme un trublion de l'ordre public. La crucifixion est la mort réservée aux condamnés du pouvoir d'occupation qui ne sont pas citoyens romains. Jésus n'échappe pas à la règle. Durant sa vie publique, Jésus s'est choisi douze compagnons, les **apôtres**, les « envoyés ». Ils reçoivent son enseignement, ils seront ses témoins : ils vont prêcher, guérir les malades, chasser les esprits mauvais. Ils témoigneront plus tard, jusqu'à leur propre martyre, de la mort et de la résurrection de Jésus. A la veille de sa mort, lors de la célébration de la Pâque juive avec ses apôtres, Jésus institue l'**eucharistie**, « action de grâces » : « Ceci est mon corps, ceci est mon sang, [...] faites cela en mémoire de moi. » Ces paroles, qui renouvellent l'alliance du Sinaï, donnent aux apôtres l'assurance de la présence définitive du Dieu d'Israël auprès des hommes, présence de celui que Jésus appelle « mon Père ». Ce partage du pain et du vin lors d'une célébration est, pour les chrétiens, le signe de l'alliance nouvelle et la promesse de salut par Jésus. Les autorités juives ont refusé de reconnaître en lui le messie, l'oint du Seigneur. Beaucoup attendaient un messie-roi qui rétablirait la grandeur d'Israël comme du temps de David et de Salomon. Pour un juif, Jésus blasphème quand il se dit Fils de Dieu.

Trois jours après sa mort, le « premier jour de la semaine » (Lc 24,1), des proches de Jésus, Marie de Magdala, les apôtres, trouvent le tombeau vide, et Jésus leur apparaît. Il leur promet l'Esprit de Dieu, ce souffle puissant qui a animé les prophètes, pour les conforter dans la mission qu'il leur a confiée : enseigner la nouvelle alliance, être témoin de sa mort et de sa résurrection, annoncer le salut et la vie éternelle à tous les hommes, leur révéler la présence, au cœur de l'histoire humaine, d'un Dieu fidèle et aimant.

B. NAISSANCE ET DÉBUTS DE L'ÉGLISE

• **A Jérusalem.** La venue de l'Esprit-Saint sur les apôtres le jour de la Pentecôte juive, c'est-à-dire cinquante jours après la Pâque, marque le début de l'Église. En effet, jusque-là, les apôtres craignent les juifs. Jésus les avait quittés, s'étant élevé au ciel, et ils attendaient en prière d'être confortés pour leur mission, comme le maître le leur avait promis. La Pentecôte juive devient la fête d'une alliance renouvelée, puisque les apôtres, dans une théophanie semblable à celle du Sinaï, sont saisis par l'Esprit de Dieu, l'Esprit-Saint, la « Force d'En-Haut ». A partir de ce moment, ils se mettent à prêcher ce que Jésus a fait et ce qu'il leur a enseigné. Ils s'adressent tout d'abord aux juifs, venus de partout, rassemblés à Jérusalem pour la fête, et premiers destinataires de cette nouvelle alliance considérée comme l'accomplissement de l'ancienne. Ces premiers chrétiens sont tous juifs, ils pratiquent la Loi et ajoutent à ces observances des rites chrétiens inédits : le baptême et la « fraction du pain ».

• **A Antioche et au-delà.** Pourtant, très vite, les autorités du Temple et l'intransigeance de certains juifs provoquent les premières persécutions contre les chrétiens. Obligés de quitter Jérusalem, ils gagnent toute la Palestine et la Syrie. Antioche devient le centre de la chrétienté. Pierre, Paul (une fois converti, après avoir, en bon pharisien, persécuté les chrétiens), Matthieu, Luc, Marc et tous leurs compagnons Barnabé, Tite, Timothée, Silas... séjourneront à Antioche. De cette ville partent toutes les missions, vers l'est (en Syrie et jusqu'à la région du Tigre et de l'Euphrate), vers le nord (en Asie Mineure, jusqu'au Pont et vers l'Arménie), et vers l'ouest (en Grèce, en Italie). L'Église, ou *ecclesia* (« communauté », « ceux qui sont appelés »), s'ouvre à tous : juifs, samaritains et païens. Le premier concile de Jérusalem décide, après que l'apôtre Pierre a baptisé la première famille païenne à Césarée, celle du centurion Corneille, de ne pas imposer les prescriptions de la loi juive, en particulier la circoncision, aux nouveaux chrétiens issus du paganisme. Décision capitale qui ouvre le monde entier à l'enseignement de Jésus. Jérusalem gardera une communauté judéo-chrétienne, dirigée par Jacques, un parent de Jésus. Cette communauté quittera la ville en 66, au début de la révolte juive, pour se réfugier dans la région de Pella et à Antioche.

Les juifs observants ne pardonnent pas aux chrétiens d'admettre au baptême des païens sans en faire d'abord des juifs par la circoncision. Ils décideront d'exclure les chrétiens de la Synagogue entre 90 et 100. Cette exclusion sera la source d'incidents répétés, la religion chrétienne devenant illicite dans l'Empire romain. Les premières communautés chrétiennes vont se développer tout autour du Bassin méditerranéen durant la période apostolique, c'est-à-dire jusqu'à la mort des compagnons de Jésus. Éphèse, Philippes, Thessalonique, Corinthe, Rome et sans doute Alexandrie sont les premiers grands centres du christianisme, reconnus comme sièges apostoliques puisqu'ils ont été fondés par les apôtres. Pierre est martyrisé à Rome en 65, après l'incendie de la ville sous Néron ; Paul en 66, également à Rome ; Jean meurt, sans doute à Éphèse, vers l'an 100. Marc se serait installé à Alexandrie après la mort de Pierre.

C. LES ÉCRITS DU NOUVEAU TESTAMENT

Les quatre Évangiles, les Actes des Apôtres, vingt et une lettres et un écrit apocalyptique forment le Nouveau Testament.

● **Les Évangiles et les Actes.** Les trois premiers Évangiles sont appelés **synoptiques** car ils rapportent les événements de la vie de Jésus et son enseignement de façon identique, si bien que l'on peut lire leurs textes en regard les uns des autres. L'Évangile de Matthieu est le plus long. Il s'adresse à des communautés issues du judaïsme, cite abondamment l'Ancien Testament, montrant que la venue de Jésus répond à l'attente des prophètes. L'Évangile de Marc est le plus court. Son auteur a recueilli l'héritage de Pierre, qu'il a assisté à Rome jusqu'à son martyre. Luc, médecin grec converti au christianisme, écrit en historien, soucieux d'information et d'exactitude. Il s'adresse à des communautés grecques. Il a été le compagnon de Paul. Outre son Évangile, il a écrit les Actes des Apôtres, qui relatent l'expansion de l'Église depuis Jérusalem jusqu'à Rome. L'Évangile de Jean, commencé en Palestine et achevé en Asie, témoin de l'effervescence du christianisme naissant, est surtout une réflexion sur la vie et l'enseignement de Jésus.

Ces quatre Évangiles et les Actes sont vraisemblablement achevés vers l'an 70. Aucun de ces écrits, en effet, ne parle avec précision de la ruine du Temple de Jérusalem, événement pourtant capital que les auteurs chrétiens auraient pu utiliser pour corroborer leur enseignement.

● **Les Épîtres.** A ces écrits s'ajoutent les vingt et une lettres, plus ou moins longues, envoyées par les apôtres aux nouvelles communautés chrétiennes pour les encourager dans leur foi et pour leur rappeler leurs devoirs : quatorze d'entre elles, attribuées à Paul, sont destinées aux Thessaloniciens, aux Corinthiens, aux Romains, aux Éphésiens, aux Philippiens, aux Colossiens, aux Hébreux, à deux compagnons que Paul a institués à la tête de communautés fondées par lui, Timothée et Tite, enfin à son ami Philémon. Deux lettres de Pierre, trois de Jean, une de Jacques et une de Jude complètent cet ensemble. La première lettre aux Thessaloniciens, de l'an 51, est le plus ancien texte chrétien qui nous soit parvenu. La première lettre de Pierre, écrite avant 65, et la seconde lettre de Paul à Timothée, écrite avant 66, sont les testaments respectifs de leurs auteurs.

• **L'Apocalypse.** Le Nouveau Testament s'achève par l'Apocalypse de Jean, dédiée aux sept Églises d'Asie pour les encourager alors que la persécution romaine les frappe.

• **Les premiers recueils.** Très tôt, tous ces textes, lus dans les communautés (Col 4,16), se constituent en recueils, avant leur réunion définitive au IIe siècle. Les premiers témoins manuscrits du texte des Évangiles datent de ce siècle; l'ensemble du Nouveau Testament est conservé dans une dizaine de manuscrits datant du IVe siècle, ce qui est exceptionnel, les textes classiques étant éloignés de leur auteur par plus de cinq cents ans. En 1740, le savant **Muratori** découvre à Rome un manuscrit reproduisant un **canon**, avec la liste des textes du Nouveau Testament en usage au IIe siècle dans la communauté romaine: presque tout le Nouveau Testament y est mentionné. Les communautés chrétiennes, héritières de Jésus, conservent aussi l'Ancien Testament. Le Nouveau Testament a été écrit en grec, langue véhiculaire de tout l'Empire romain.

• **Les traductions.** A partir du IIe siècle, le latin progresse en Occident; en Afrique le grec est peu connu. Le besoin de traduire les écrits bibliques se fait donc sentir. Les premières traductions sont partielles et littérales. Au IVe siècle, Jérôme fait une révision générale de toutes ces traductions, Ancien et Nouveau Testaments. Ce travail gigantesque donne naissance à la traduction latine qu'on appellera **Vulgate**, c'est-à-dire « pour tout le peuple ». Cette traduction latine restera longtemps en usage, jusqu'au XXe siècle, dans la liturgie de l'Église catholique. Au fur et à mesure de la diffusion du christianisme, les textes de l'Ancien et du Nouveau Testament sont traduits en syriaque, en arménien, en copte, etc. Ces traductions sont en usage dans des communautés qui, tout en adoptant la foi chrétienne, ont su garder leur génie propre dans les expressions liturgique, théologique et poétique : trésors mal connus et souvent inexploités, que les chrétiens du XXe siècle n'ont pas fini de découvrir. Les Grecs **Cyrille** et **Méthode** traduisent, au IXe siècle, le Nouveau Testament en slavon; la tradition leur attribue l'invention de l'écriture **cyrillique**, encore en usage dans les pays slaves. A l'heure actuelle, la Bible est traduite dans toutes les langues connues et reste l'ouvrage le plus vendu dans le monde.

D. L'ÉVOLUTION JUSQU'À CONSTANTIN

a. L'organisation

Du IIe au IVe siècle le christianisme s'étend à toutes les cités du pourtour méditerranéen et pénètre dans l'arrière-pays des continents en suivant les voies de communication. S'il est fortement implanté en Orient, sa présence en Occident est manifeste : les grands centres chrétiens du Ier siècle, devenus des foyers rayonnants, sont des modèles pour l'organisation des communautés et la célébration liturgique dans les nouvelles Églises qu'ils ont fondées. A la tête de chaque Église, l'**évêque** (le « surveillant ») est tout à la fois le **pasteur**, celui qui conduit la communauté, et le **docteur**, celui qui l'instruit. Il est secondé par les **diacres** (les « serviteurs ») et les **presbytres** (les « anciens »). Les évêques sont responsables de leurs communautés et portent ensemble, dans la communion avec l'évêque de Rome, le **pape** (nom donné au début à tous les évêques et qui, à partir du IVe siècle, reste attribué au seul évêque de Rome), la responsabilité de la « grande Église », l'ensemble de la chrétienté. L'Église de Rome est l'Église de référence pour toutes les autres car elle doit sa fondation au premier des apôtres, Pierre.

b. Les persécutions

Cette Église est menacée par le monde païen qui l'entoure. Mal comprise, elle est pourtant tolérée la plupart du temps. Les persécutions sont sporadiques, surtout en Asie, au cours des deux premiers siècles. La lettre de **Pline le Jeune** et la réponse de l'empereur **Trajan** montrent les limites de cette réaction hostile mais aussi la précarité de la situation des chrétiens. Rendre culte à l'empereur, ce que ne peut faire un chrétien, est considéré comme une marque de civisme envers Rome. Un refus apparaît comme une menace pour l'équilibre religieux. En ne participant pas à ces cultes, les chrétiens, **monothéistes**, rompent le contrat tacite qui lie les dieux et l'empire, et font acte d'incivisme.

Au milieu du IIIe siècle, la position impériale évolue à cause de la crise qui sévit dans l'empire. L'empereur **Dèce** déclenche en 249 une persécution systématique contre les chrétiens. Elle est brève mais violente. En 252, une nouvelle persécution est ordonnée par l'empereur **Gallien**, de même en 258-259 par l'empereur **Valérien**. Ces actions s'en prennent surtout aux évêques et aux chrétiens de haut rang afin de priver l'Église de ses dirigeants. La dernière persécution générale est ordonnée en 303 par **Dioclé-**

tien ; si elle a peu d'impact en Occident (elle n'en aura plus du tout à partir de 305), elle est très vive en Orient. En 313, l'**édit de Milan** accorde la liberté religieuse et met fin à l'ère des persécutions générales. Une persécution limitée à l'Orient reprend de 316 à 324, jusqu'à ce que l'empereur **Constantin** réunisse l'ensemble de l'empire sous son autorité.
Combien de chrétiens ont-ils été martyrisés ? Plus que le nombre, la cruauté des peines a frappé les esprits. A cause du seul nom de chrétien, ces gens étaient au mieux condamnés aux travaux forcés dans les mines, au pis battus à mort, brûlés vifs comme le fut Polycarpe à Smyrne – un vieillard pourtant –, crucifiés comme Pierre et son frère André, voire enduits de poix pour être transformés en torches vivantes, comme ce fut le cas dans les jardins de Néron, ou livrés aux jeux du cirque tels les martyrs de Lyon.
Malgré ces menaces, le christianisme s'étend peu à peu à toutes les couches sociales et jusque dans l'entourage de l'empereur, dès la fin du Ier siècle. Des évêques issus des classes sociales aisées apparaissent dès le IIe siècle et se multiplieront. Plutôt que d'encourager la construction de monuments prestigieux dans les cités, ces chrétiens soutiennent les plus pauvres : en ce temps de crise que fut le IIIe siècle, cette initiative sera appréciée.

c. Vie interne de l'Église

- **Les sacrements.** Rapidement le niveau culturel s'élève dans l'Église. Les évêques issus des milieux lettrés sont de plus en plus nombreux et les premiers docteurs de l'Église rivalisent avec les écoles philosophiques païennes : Ignace d'Antioche ; Justin, premier philosophe chrétien connu ; Tertullien et Cyprien, de Carthage, des modèles de pensée chrétienne ; Irénée de Lyon, qui esquisse une première synthèse de l'enseignement chrétien et dénonce l'utilisation tendancieuse des Écritures par les hérétiques ; la célèbre école d'Alexandrie avec Clément puis Origène, fréquentée même par les païens. Bien avant que le christianisme soit reconnu officiellement par l'empire, il s'était imposé par sa pensée et par sa culture. Les **catéchumènes** (« ceux qui écoutent ») qui demandent à devenir chrétiens sont préparés minutieusement, durant un à deux ans, avant de recevoir le **baptême**. Celui-ci se fait par immersion, la veille de Pâques ou de la Pentecôte, après la profession de foi. Il est conféré par l'évêque, qui, après l'immersion, impose les mains au **néophyte** (celui qui vient d'être baptisé). Dès lors celui-ci peut participer à la célébration eucharistique qui rassemble tous les dimanches l'ensemble de la communauté chrétienne locale.

• **La discipline.** Durant ces premiers siècles, la morale est très stricte. Certains métiers, en particulier ceux qui touchent au culte des idoles, sont interdits aux chrétiens. L'adultère est sanctionné par l'exclusion, d'autres manquements à la morale entraînent des pénitences longues et sévères. Tout chrétien doit jeûner deux à trois jours par semaine, vivre dans la foi et la crainte de Dieu, pratiquer la charité envers ses frères. Il doit prier régulièrement chez lui et participer à l'eucharistie les jours de fête et le dimanche, qui est la commémoration de la résurrection du Christ. Le chrétien croit en la résurrection des morts, au jugement à la fin des temps et à la vie éternelle. Sa vie terrestre n'est qu'un passage vers une vie future, auprès du Dieu unique, Dieu d'amour, qui est Père, Fils et Esprit-Saint.

Cette organisation et cette rigueur de vie permettent aux chrétiens de supporter les persécutions et suscitent auprès de certains païens respect et admiration.

d. L'Empire chrétien

L'avènement de Constantin marque un tournant important dans l'Église mais la liberté religieuse accordée par l'édit de Milan ne va pas sans contrepartie. Jusqu'à cette date, toutes les crises internes de l'Église étaient surmontées par la concertation entre les évêques, qui se référaient à l'évêque de Rome. En faisant de la religion chrétienne celle de l'empereur, Constantin, selon la tradition impériale, se voudra aussi le chef de cette religion qu'il pratique désormais. C'est le début d'une très longue crise. La tentation, sans cesse renouvelée, du pouvoir temporel de diriger les affaires ecclésiastiques provoque des tensions, des déviations, des comportements contraires à l'enseignement chrétien. Il faudra attendre le XXe siècle pour que les chrétiens arrivent enfin à s'émanciper des contraintes politiques.

• **Le calendrier chrétien.** Toutefois, à partir de Constantin, la société se christianise. Les coutumes chrétiennes influencent les lois profanes, et le calendrier chrétien s'inscrit dans le calendrier romain. Les fêtes païennes tombent en désuétude. Les événements de la vie de Jésus deviennent fêtes légales : Noël, la naissance de Jésus ; Pâques, sa mort et sa résurrection (cette fête est précédée par six semaines de jeûne durant lesquelles on se nourrit de manière frugale, sans consommer de viande) ; l'Ascension, quarante jours après Pâques, célèbre la montée de Jésus au ciel,

et la Pentecôte, cinquante jours après Pâques, la venue de l'Esprit-Saint. Les chrétiens vénèrent les martyrs, dont l'exemple fortifie leur foi. Le dimanche devient jour chômé.
La vie chrétienne se répand dans tout l'Empire. Elle va marquer profondément les sociétés et forger le monde jusqu'au XXe siècle.

2. UNITÉ ET RUPTURES DU CHRISTIANISME

A. FACTEURS D'UNITÉ

Au-delà de toutes les crises qui secouent le christianisme à travers les temps, l'unité chrétienne réside dans sa profession de foi et dans ses écrits – les Saintes Écritures et les ouvrages des penseurs des premiers siècles –, qui imprègnent les sociétés dans leur morale et dans leur vision de l'homme. Sans cesse l'Église chrétienne a su se régénérer par ses conciles, grâce à ses docteurs, à ses témoins et à ses ordres religieux, et pratiquer lors de ces crises un retour aux sources.

a. L'unité de foi

Pour parer les déviations susceptibles de naître dans l'énoncé du dogme chrétien, l'Église a toujours eu le souci de mieux définir les termes de la foi chrétienne. Pour ce faire, les **conciles**, assemblées ecclésiales des évêques pour une province ou pour toute l'Église, ont la mission d'étudier les questions doctrinales ou disciplinaires à la lumière des Saintes Écritures et de la Tradition. Les grands conciles œcuméniques – c'est-à-dire pour toute l'Église – de l'Antiquité et du Moyen Age ont été convoqués par l'empereur de Constantinople. Les grands conciles de l'Occident chrétien, du Moyen Age à nos jours, l'ont été par le pape.

• **Le credo.** Dans les premiers siècles, les questions traitées portaient essentiellement sur la définition de la foi trinitaire et la christologie, pour lutter contre les hérésies. Le concile de Nicée de 325 propose une proclamation de foi commune pour tous les chrétiens, le Credo (« je crois »). Celui de Constantinople en 381, face à la crise arienne, réaffirme l'orthodoxie nicéenne et précise la divinité de l'Esprit-Saint. Le symbole de foi de Nicée est explicité. Ces deux conciles précisent la foi dite orthodoxe, c'est-à-dire conforme à la doctrine traditionnelle, dans l'ensemble de la chrétienté. Cette unité sera préservée jusqu'au Ve siècle. A partir de là, des interprétations différentes de certains points du dogme amèneront des scissions. Elles porteront davantage sur de mauvaises traductions des textes conciliaires, sur des questions de discipline issues de désaccords avec l'empereur, que sur la foi.

- **La foi trinitaire.** Tous les chrétiens professent la même foi en un Dieu en trois personnes, Père, Fils et Esprit-Saint. Tous croient que Jésus, Fils de Dieu, s'est fait homme, né de la Vierge Marie, qu'il est mort pour le salut de tous les hommes, qu'il est ressuscité le troisième jour, qu'il est retourné auprès de son Père et que l'Esprit-Saint, qui descend sur le chrétien au moment du baptême, continue à œuvrer dans le monde jusqu'au jugement dernier et à la résurrection de tous. Cette foi commune repose sur l'Écriture sainte, l'Ancien et le Nouveau Testament. Cette foi est **catholique**, c'est-à-dire universelle, et **orthodoxe**, c'est-à-dire selon l'exacte doctrine.

b. L'influence des Pères de l'Église

Plus l'Église se développe, plus le nombre de ses penseurs croît. Formés aux mêmes écoles que les païens, possédant en plus la connaissance de la Bible, ils vont donner une culture chrétienne à la société, favoriser une réflexion philosophique spécifique et jeter les bases de la liturgie et d'un art poétique original. Leur œuvre, déterminante, reste encore de nos jours une référence majeure. Ces écrivains chrétiens des premiers siècles sont appelés les Pères de l'Église. Souvent d'ailleurs, ils sont évêques, responsables – pères – d'une communauté.

- **Les premiers écrits.** Les premiers, les Pères apostoliques, ceux qui connurent les apôtres (ainsi Clément de Rome, Ignace d'Antioche…), ont surtout le souci des nouvelles communautés, qu'il faut structurer et conforter dans la foi face au monde juif et païen. La même préoccupation apparaît dans un écrit anonyme, petit traité et compilation du Ier siècle, connu sous le nom de *Didachè* ou *Doctrine des apôtres*.

Leurs successeurs, les Pères postapostoliques du IIe siècle, ont à faire face aux hérésies ; ils y répondent par la réfutation. La plus célèbre est celle, déjà citée, d'Irénée de Lyon. Originaire de Smyrne (Asie Mineure), où il fut disciple de Polycarpe ; devenu évêque de Lyon en 177 après le martyre de l'évêque Pothin, il connaissait bien l'effervescence intellectuelle de l'Asie et y répond dans son *Adversus haereses* (« Contre les hérétiques »).

- **L'âge d'or.** L'âge d'or de la patristique s'ouvre au IIIe siècle par quelques grandes figures et atteint son apogée au IVe siècle. En Orient, l'école d'Alexandrie est une pépinière de grands maîtres : Clément d'Alexandrie recourt à la philosophie pour expliquer le christianisme, comme le fera après lui Origène (vers 185-252), l'auteur le plus fécond et le plus original de l'Antiquité. Pour expliquer les Écritures, ce grand mystique utilise systématiquement la méthode allégorique empruntée à Philon. L'*Histoire ecclésiastique* d'Eusèbe de Césarée (265-340) est précieuse pour étudier les premiers siècles chrétiens.

Au IVe siècle, au milieu des luttes théologiques très vives, les Pères cappadociens favorisent la pacification dans l'Église grâce à leur culture et à la puissance de leur réflexion théologique. Il s'agit de Basile, l'un des grands fondateurs du monachisme, de Grégoire de Nazianze, son ami (évêque de Constantinople, il a présidé le fameux concile de 381), et de Grégoire de Nysse, un grand spirituel. L'œuvre de ces trois Pères est riche, variée et capitale pour l'évolution de la pensée chrétienne.

• **La pensée latine.** En Occident, Tertullien est le fondateur de la théologie latine. Originaire de Carthage, converti en 195, il est fin juriste et laisse une œuvre marquée par son esprit combatif : traités de morale, apologies et controverses. Cyprien, converti en 245, lui aussi de Carthage où il est évêque de 249 à 258, doit faire face aux grandes persécutions de Dèce et de Valérien (il subira lui-même le martyre). Ses écrits, en particulier sa correspondance, montrent son souci de l'unité de l'Église autour des évêques, successeurs des apôtres, et du pape, successeur de Pierre. Jérôme et Ambroise de Milan sont, eux aussi, des figures de proue. Jérôme a traduit l'Écriture sainte en latin, Ambroise a introduit le chant liturgique dans les assemblées et s'est fait le défenseur de la primauté romaine. Il eut à lutter contre l'arianisme, hérésie qui niait la double nature du Christ, divine et humaine, que l'empereur voulait imposer. Il a soutenu l'indépendance de l'Église face au pouvoir impérial. Les papes essaieront de maintenir cette ligne, sans avoir les moyens de l'imposer à un pouvoir temporel de plus en plus absolu.

• **Augustin.** Enfin, les écrits d'Augustin vont exercer une influence puissante sur la pensée chrétienne d'Occident. Originaire de Carthage, il y reçoit une éducation de rhéteur. Converti au christianisme, il est baptisé par Ambroise de Milan en 387. Il est appelé au sacerdoce à Hippone, en Afrique, dont il deviendra évêque en 395. Sa lutte contre les déviations doctrinales de son temps s'exprime dans de nombreux écrits polémiques. Mais Augustin est surtout un pasteur qui agit et écrit pour conforter la foi chrétienne. Ses *Sermons* (plus de quatre cents ont été conservés) forgeront la pensée médiévale. Ses *Confessions*, où il décrit ses tourments spirituels, restent un livre de réflexion accessible à tout homme soucieux de sa destinée. *La Cité de Dieu* est un monument littéraire marqué par ses vues pénétrantes sur les deux « cités » : à travers l'évolution politique du monde, il veut montrer l'œuvre de Dieu qui se réalise en vue de la cité céleste. Mais Augustin est surtout le docteur de la grâce, que tout spirituel entendra, de Martin Luther aux « messieurs » de Port-Royal du XVIIe siècle, en passant par Jansenius (1585-1638) et bien d'autres encore. « Tu nous as faits pour Toi et notre cœur est inquiet tant qu'il ne se repose en Toi. » Cette phrase des *Confessions* indique la réponse de l'homme à l'appel vers l'infini que Dieu lui adresse.

- **Les papes.** Il y eut aussi de grands penseurs parmi les papes. Léon Ier le Grand (440-461) a défendu la primauté du pape, c'est-à-dire son rôle de chef de l'Église, Grégoire le Grand (540-604) a été l'organisateur de l'Église médiévale. Ils ont marqué la papauté de manière décisive.

c. Le droit canonique

A partir du IVe siècle, les lettres pontificales, réponses des papes aux questions de portée générale, se multiplient. Ces « décrétales » s'ajoutent aux canons (décisions) des conciles. L'ensemble est réuni à partir du VIe siècle et forme la base du droit de l'Église, ou droit canonique. Les premiers recueils s'enrichissent peu à peu grâce aux synodes des Églises locales sous les monarchies barbares puis carolingiennes. Le tout est refondu au XIIe siècle dans une œuvre magistrale, le *Décret* de Gratien, vers 1140. Héritier lointain de ces travaux et de ceux des juristes à travers les siècles, le *Code de droit canon* paraît en 1917. Il sera renouvelé, corrigé, puis mis à jour en 1983. Il est la référence juridique actuelle de l'Église catholique.

d. Le monachisme

Il est déterminant pour les chrétiens : il a forgé leur spiritualité à travers les siècles, et demeure aujourd'hui une source de renouveau.

- Le monachisme **érémitique** (littéralement « du désert ») voit le moine rechercher la solitude. De la paix de l'Église naissent le désir de consacrer davantage sa vie à Dieu, en dehors des facilités de l'existence, et la volonté de témoigner de sa foi, maintenant qu'il n'y a plus de martyrs. Le monachisme érémitique est né en Égypte à l'initiative d'Antoine (251-356), qui est à l'origine de la

vie anachorétique. Sa vie a été retracée par Athanase, évêque d'Alexandrie. La pensée des « maîtres du désert » a été rassemblée dans des recueils anonymes d'apophtegmes. La spiritualité des moines repose surtout sur la pratique de l'ascèse par le jeûne (au maximum un repas par jour, voire moins), la prière durant plusieurs heures, de jour comme de nuit, et le travail. L'anachorète acquérait ainsi la maîtrise de soi et la paix spirituelle qui le conduisaient à la contemplation.
La doctrine de ces moines s'est répandue d'Égypte au Sinaï, en Palestine, en Syrie et en Asie Mineure, elle est la norme de toute forme de vie ascétique.

• Le monachisme **cénobitique**, c'est-à-dire vécu en commun, est né lui aussi en Égypte, fondé par Pacôme (286-346). Celui-ci organise la vie commune autour d'une règle et sous l'autorité d'un supérieur. La règle de Pacôme, écrite en copte, sera traduite par Jérôme et servira de modèle à tout le monachisme, tant oriental qu'occidental. La vie du moine, et bientôt des moniales, est marquée par un horaire régulier et partagée entre la prière, le travail, l'étude des livres saints, la liturgie. C'est une vie en communauté, frugale, rythmée par les périodes de jeûne liées au calendrier chrétien (deux ou trois jours par semaine, le carême et l'avent).
Ces formes de vie spirituelle eurent un très grand succès en Orient et en Occident. En Orient, l'organisation des monastères est souple et diversifiée. Les moines vivent en ermites, en communautés ou dans des **laures**, véritables agglomérations monastiques désignées par l'expression monastère (du grec *monos*, seul). Les plus importants aujourd'hui sont ceux du mont Athos et des Météores en Grèce, et de Zagorsk en Russie. D'innombrables petits monastères ont vu le jour à travers tout l'Orient, issus le plus souvent de la vénération d'un maître spirituel. Les patriarches orientaux ont été maintes fois choisis parmi les moines, et le rayonnement spirituel et culturel du monachisme a marqué l'orthodoxie. En effet, les monastères attirent de nombreux pèlerins, sur lesquels ils exercent une grande influence. Le moine est considéré comme l'intermédiaire entre l'homme pécheur et le Dieu tout-puissant et miséricordieux.
Lors de la querelle des Images (726-843), les moines furent les plus vifs défenseurs du culte des icônes (« image », en grec). Celles-ci, comme les reliques, sont partie intégrante de la liturgie et leur confection fait vivre le monastère. Le rétablissement du culte des icônes, en 843, est une victoire pour les moines. Le

monachisme contemporain est aujourd'hui encore un élément vital dans l'orthodoxie.

En Occident, le monachisme s'implante au IVe siècle à Ligugé, grâce à Martin de Tours (316-397). Il se développe à Saint-Victor de Marseille au Ve siècle et aux îles de Lérins, où Césaire d'Arles, disciple d'Augustin, adopte la règle monastique de son maître. Cette règle de saint Césaire fut suivie par de nombreux monastères jusqu'au VIIe siècle, en particulier dans les fondations créées par l'Irlandais Colomban.

● **Benoît de Nursie.** Au VIe siècle, en Italie, un avocat romain, Benoît de Nursie, se retire sur le mont Cassin avec quelques amis. La règle qu'il écrit, simple et très humaine, va s'imposer à la plupart des monastères occidentaux à partir du IXe siècle : il s'agit de la **règle bénédictine.** L'ordre bénédictin a joué un rôle important dans l'évolution de la liturgie et l'étude des textes sacrés.

Ces deux grands courants, augustinien et bénédictin, restent le fondement de la pratique monastique actuelle et les ordres contemplatifs y ont leurs sources. Les Carmes puisent dans la règle de saint Augustin ; les Cisterciens, les Chartreux et les Trappistes dans celle de Benoît.

● **Les grands ordres modernes.** Au cours des siècles l'Église voit surgir de fortes personnalités qui s'efforcent de répondre aux besoins de leur époque et rallient des disciples. Ainsi : François d'Assise (1181-1226) et Dominique (1170-1221) fondent respectivement les **Franciscains** et les **Dominicains**, deux ordres mendiants et prédicateurs ; Ignace de Loyola (vers 1491-1556) crée l'ordre des **Jésuites**, François de Sales (1567-1622) celui de la **Visitation**, Jean-Baptiste de La Salle (1651-1719) l'**institut des frères des Écoles chrétiennes**, Jean Bosco (1815-1888) les **Salésiens**, des ordres essentiellement voués à l'éducation ; Charles Lavigerie (1825-1892) fonde la **société des Pères blancs**, Charles de Foucault (1858-1916) inspire les **Petits Frères et les Petites Sœurs de Jésus**.

Aujourd'hui apparaissent de nouvelles formes de prière et d'action : les Frères de Taizé, première communauté protestante à caractère œcuménique, ont lancé un vaste mouvement de prière et de fraternité pour les jeunes ; d'autres se sont tournés vers l'apostolat dans le monde, telles les religieuses menées par Mère Teresa.

La diversité des familles religieuses est une immense richesse pour les chrétiens.

B. LES RUPTURES : DIVERGENCES ET CRISES

Bien que la chrétienté préserve l'unité de foi et l'unité scripturaire, des éloignements et des ruptures vont se produire en son sein du fait des événements de l'histoire et de l'évolution des mentalités.

a. L'éloignement progressif entre Orient et Occident

Le fossé s'est creusé progressivement entre Orient et Occident. Pourtant, il n'y a jamais eu de rupture totale et définitive puisque l'orthodoxie a toujours conservé des relations avec l'Occident. Mais les sources d'incompréhension ne manqueront pas.
La première difficulté, et sans doute la plus importante, a été celle de la langue. Jusqu'au IIIe siècle, l'ensemble du Bassin méditerranéen connaît le grec. Avec les progrès du latin en Occident, le recul du grec s'y accentue. Déjà Augustin ne sait plus correctement cette langue au début du Ve siècle, alors qu'Ambroise et Jérôme la pratiquaient encore parfaitement au milieu du siècle précédent. En fondant sa nouvelle capitale, l'empereur Constantin veut en faire une nouvelle Rome avec une administration parlant le latin. C'est un échec. L'Orient refuse de se latiniser. La séparation entre les deux parties de l'empire est inéluctable.
Dès le concile de Nicée (325) les discussions sont incessantes. Les conciles d'Éphèse (431), de Chalcédoine (451), de Constantinople (553), sont l'occasion d'affrontements. Les discussions sur les formules dogmatiques, la primauté du siège de Rome, que veut partager Constantinople, entraînent des crises. Elles naissent, la plupart du temps, d'incompréhensions liées aux mentalités et aux obstacles linguistiques.
La politique de l'empereur Justinien (482-565) ne fait qu'aggraver ces divisions. Dans les provinces occidentales reprises aux Barbares, il impose la fiscalité et l'administration tatillonne de l'Orient, ce qui provoque, en Occident, un rejet du pouvoir impérial. Les populations préfèrent souvent traiter avec les Barbares que de subir la loi de Constantinople. Ce sera aussi le cas, un peu plus tard, dans le sud de l'empire, lors de l'invasion arabe.
A partir du VIe siècle l'Occident va évoluer de manière propre, dans un nouveau cadre politique. Pourtant, malgré cette séparation, des liens persistent entre le patriarche de Constantinople, chef de l'Église d'Orient, et le pape de Rome.

- **Le grand schisme.** Le schisme de 1054 n'est qu'un épisode dans cette longue tension. A la suite d'un refus de reconnaissance mutuelle entre les légats du pape et le patriarche Michel Cérulaire, refus entraînant une excommunication mutuelle, chacune des deux Églises va évoluer de son côté, avec des conciles séparés (sauf deux fois : le concile de Lyon en 1274 et le concile de Florence en 1439 verront la réunion d'évêques d'Orient et d'Occident ; cette amorce de réconciliation restera vaine car l'Empire d'Orient va disparaître, conquis par les Ottomans).
- **Les querelles entre Orient et Occident.** Néanmoins, les contacts s'étaient poursuivis après le schisme. Les empereurs **byzantins** sollicitent l'aide de l'Occident pour lutter contre la progression de l'islam. L'appel aux croisades lancé par le pape Urbain II au concile de Clermont en 1095 est motivé en partie par ces demandes répétées. Les premières croisades sont organisées avec l'aide des Byzantins. Mais la politique de Byzance sera faite de compromis, favorisant tantôt les Occidentaux, tantôt les musulmans. Le détournement au profit de Venise de la quatrième croisade, qui aboutit au pillage de Constantinople en 1204 et à la mise en place d'un éphémère Empire latin, n'est qu'un épisode de cet imbroglio. Pourtant, devant la menace de l'islam, les espoirs d'un retour à l'unité se renforcent entre l'Empire d'Orient reconstitué mais affaibli et l'Occident en plein essor. Mais la capitale de l'Orient tombe aux mains des Ottomans en 1453. C'est la fin de l'Église byzantine en tant que telle. Elle va se diviser en églises nationales, divisions qu'un certain nombre de régions avaient déjà adoptées dès le Ve siècle.

b. Les ruptures en Orient : Églises d'Orient

Le concile de Chalcédoine a non seulement éloigné Constantinople de Rome, mais il a divisé aussi les évêchés d'Orient. Des populations entières de l'empire se déclarent **monophysites**, c'est-à-dire ne reconnaissant qu'une seule nature du Christ et non deux, humaine et divine, comme le voulait la doctrine orthodoxe. Ce sont les coptes d'Égypte et les Éthiopiens, les jacobites de Syrie et les Arméniens. En fait la séparation n'était pas seulement doctrinale car les points en litige reposaient plus sur de mauvaises traductions ou un vocabulaire inadéquat que sur le dogme ; une réflexion sereine aurait sans doute abouti à réduire les différences. Incontestablement, l'attitude autoritaire des patriarches de Constantinople, soutenus par l'empereur ou son entourage, est à l'origine des ruptures. Plutôt que de respecter les choix locaux, le patriarche nomme des évêques non souhaités pour s'assurer le contrôle de ces communautés. Ces Églises, issues de l'Église byzantine, formeront ce qu'on appelle aujourd'hui les **Églises d'Orient**. Elles conserveront leurs rites propres et leur langue d'origine. Certaines d'entre elles se rapprocheront de l'Église romaine dès 1182, à l'époque des croisades, d'autres, les **uniates**, au XVIe siècle, lors des accords de Brest ; tout en gardant leur originalité, elles reconnaîtront la primauté de Rome.

Les Églises d'Orient sont donc très diverses. D'un grand dynamisme, elles étendent leur influence jusqu'en Inde. Elles sont aussi à l'origine de la traduction en arabe des textes grecs et syriaques, profanes et religieux. Ces traductions permettront à l'islam d'assimiler la culture grecque. Elles auront à souffrir énormément de l'expansion arabe et ottomane et ne survivront que difficilement à travers les siècles. Repliées sur elles-mêmes, elles préserveront leur spécificité mais n'échapperont pas à un véritable émiettement. Aujourd'hui des voix s'élèvent pour favoriser un rapprochement entre les différentes Églises afin d'éviter la disparition des chrétiens de certaines régions du Proche- et du Moyen-Orient, berceau du christianisme.

c. L'orthodoxie divisée

Justinien a défini l'orthodoxie (de *orthos*, « droit », et *doxa*, « opinion ») comme une symphonie reposant sur l'empereur et le patriarche, qui dirigent ensemble sur les voies de Dieu l'*oikouménê*, c'est-à-dire le monde habité, sur lequel l'empereur revendique la souveraineté.

Jusqu'à la chute de l'Empire byzantin, la société a conscience d'être une nation chrétienne, et les événements politiques revêtent des aspects religieux. Les rois francs eux aussi reconnaissent la lointaine autorité de l'empereur, et l'autorité pontificale fait de même.

En règle générale, dans l'orthodoxie il n'y a pas de séparation entre le profane et le religieux. L'empereur convoque les conciles, nomme les patriarches. Le patriarche a autorité sur les dogmes et sur l'enseignement. Il peut intervenir dans les affaires des Églises locales. Le clergé des campagnes, issu du milieu rural, souvent peu cultivé, est marié et vit comme son entourage. Seul le haut clergé des villes est instruit et reste célibataire. Il est issu de la haute société byzantine.

Au Moyen Age, l'Empire byzantin est grec. Les nouvelles régions acquises sur le christianisme (bulgares, serbes, russes) se dotent d'un primat autonome, tout en reconnaissant l'autorité du patriarche de Constantinople. Après la chute de l'Empire byzantin, au XVIe siècle, la Russie se veut l'héritière de l'Empire chrétien d'Orient et le patriarche de Moscou disputera à son homologue grec l'autorité sur l'orthodoxie.

• **La liturgie** tient une grande place dans l'orthodoxie. Elle s'est développée dans la langue d'origine des différentes régions orientales : grecque, syriaque, copte, arménienne, bulgare, russe. La célébration de l'eucharistie, appelée *synaxis* (« assemblée »), a gardé sa structure d'origine, tout en l'amplifiant. En effet, la liturgie, désireuse d'évoquer toutes les étapes de la vie terrestre de Jésus, parvient à une concordance entre celles-ci et les gestes liturgiques. De même, la décoration des églises reproduit, par la peinture ou les mosaïques, les scènes de la vie du Christ et des apôtres. La coupole, avec le Christ pantocrator (tout-puissant), réunit le ciel et la terre. Bâtiments, liturgie, lecture de la Bible, tout manifeste l'histoire du salut. La liturgie n'a pas évolué depuis le XIVe siècle. Malgré sa très haute spiritualité, elle pose aujourd'hui des problèmes, liés à la langue (le grec ancien des textes liturgiques n'est plus compris des fidèles) et aux gestes (devenus, dans certaines églises, trop formalistes et frisant la superstition). Un exemple entre tous : l'iconostase, où sont placées les icônes des saints, entre les célébrants et les fidèles. Celle-ci a fini par devenir une séparation et non plus un lien, isolant les fidèles du clergé et faussant l'esprit de la liturgie.

• **Les églises nationales.** Du XVIe au XVIIIe siècle, la domination ottomane s'étend sur les pays des Balkans et du Bassin méditerranéen oriental. Les différentes Églises orthodoxes vont protéger la langue et les coutumes de leur pays, et chacune d'elles se proclame autocéphale. Elles conserveront ce statut lors du retrait ottoman. En Russie, l'affaiblissement du pouvoir du tsar au début du XXe siècle provoque une renouveau dans l'Église russe, qui réclame un concile. Celui-ci pourrait adapter les modes traditionnels au monde contemporain. L'orthodoxie gagne l'est du pays sur les pas de la conquête russe. La révolution de 1917 sera une catastrophe pour l'Église en Russie.

d. Ruptures en Occident : pouvoir et religion

Du Ve au XIe siècle, l'Occident a connu une transformation radicale. Les peuples venus de l'Est se sont installés dans l'ancien Empire d'Occident, balayé en 476 : chute du dernier empereur romain en Italie occupée par les Ostrogoths, naissance du royaume franc en Gaule et du royaume wisigothique en Espagne. S'associant aux sociétés autochtones romanisées, ces peuples ont adopté l'administration romaine et, vers 600, ils sont tous chrétiens, catholiques. Les évêques ont joué un très grand rôle dans ces siècles troublés : souvent ils ont été les seuls à assurer un minimum d'administration, le secours aux plus pauvres, et ils ont maintenu ce qu'ils ont pu des trésors culturels, à commencer par la langue, l'écriture et les livres. Mais leur place dans la société commence à être contestée, à partir du VIIIe siècle, par les nouveaux rois et les « grands ».

• **Usurpations de pouvoirs de l'Église**. La lutte entre pouvoir temporel et pouvoir de l'Église commence avec les Carolingiens. Charlemagne organise l'Église et veut soumettre le pape. Il légifère et intervient dans la discipline de l'Église, il distribue à ses fidèles évêchés et abbayes, si bien qu'au Xe siècle l'Église connaît une véritable décadence. Les autorités ecclésiastiques nommées par les autorités temporelles ont plus le souci des affaires matérielles que celui des affaires spirituelles. Cette période voit la naissance de la longue lutte d'influence entre la papauté, les monarchies et les grandes familles romaines pour le contrôle du pouvoir de l'Église.

Après les Carolingiens, les Ottoniens, à leur tour, veulent soumettre la papauté. L'épisode le plus célèbre de cette lutte est la querelle des Investitures : qui, du pape ou de l'empereur, va désigner les évêques ? En 1076, le pape Grégoire VII (1021-1085) excommunie l'empereur Henri IV, qui n'a pas respecté le droit pontifical. L'année suivante, celui-ci vient implorer le pardon du souverain pontife à Canossa. Cet épisode n'est que le premier d'une longue série puisque les mêmes questions se poseront avec tous les rois : en Angleterre avec Guillaume le Roux, en France sous Philippe le Bel puis François Ier, et surtout avec Louis XIV (suite aux « Quatre Articles », qui font du roi quasiment le chef de l'Église de France, la royauté est menacée d'excommunication et sur le point de se séparer de Rome). Ces crises françaises sont connues sous le nom de **gallicanisme**. La crise se poursuit sous Louis XV avec la fermeture d'un grand nombre de monastères et, en 1773, la dissolution de l'ordre des Jésuites. Cette situation prépare l'affrontement de la Révolution qui, en élaborant la Constitution civile du clergé, ne veut pas autre chose que la création d'une Église nationale.

En Allemagne, les tensions sont nombreuses et vont alimenter les querelles issues de la Réforme. En Espagne, à partir d'Isabelle la catholique (1451-1504), les monarques se veulent les chefs de l'Église. Grâce à l'appui de la reine, Torquemada (1420-1498) mettra en œuvre l'Inquisition la plus dure et la plus inhumaine qu'on ait jamais connue, malgré les appels du pape à plus de charité et à moins d'intolérance. Le roi Philippe II (1527-1598) perpétuera ces méfaits, ne tolérant plus dans son royaume que les chrétiens de longue date. Les mauresques et les maranes, ces chrétiens d'origine arabe ou juive, fuiront vers les pays de l'Europe du Nord.

• **Vers la liberté religieuse.** La volonté de dominer l'Église se manifeste tout au long du XIXe siècle en Espagne, en France avec les articles organiques ajoutés par Napoléon Ier au concordat de 1801, en Autriche, dans l'Empire allemand de Guillaume Ier. En proclamant l'infaillibilité du pape, le concile Vatican I (1870) va soulever de vives polémiques, bien que celle-ci ait existé de tout temps dans l'Église et n'ait jamais revêtu aucun caractère politique.

Finalement, au XXe siècle, Rome est arrivée enfin à se dégager de l'emprise politique en ayant négocié, avec plus ou moins de sérénité, des accords de séparation de l'Église et de l'État. A présent, la plupart des pays occidentaux sont parvenus à cette solution, qui, si elle a parfois provoqué des remous comme ce fut le cas en France, n'en est pas moins profitable à l'Église, qui a ainsi acquis son indépendance.

En Italie, les accords du Latran (1929) résolvent la question des États pontificaux. S'appuyant sur la **donation de Constantin**, un faux du IXe siècle, la possession de terres avait assuré aux papes une certaine indépendance jusqu'en 1848. Les accords du Latran reconnaissent au souverain pontife la souveraineté sur la cité du Vatican, avec les quatre basiliques majeures de la ville de Rome, dont celle du Latran, cathédrale de Rome. Le pape, tout en étant le chef spirituel de tous les catholiques, est aussi chef d'État. Aussi, le Saint-Siège accrédite des ambassadeurs (nonces) à l'étranger et reçoit des représentants diplomatiques de la plupart des pays du monde actuel.

Toutes ces crises ne doivent pas faire oublier que la vie des fidèles n'est que peu touchée par ces événements. Dans les paroisses des campagnes et des villes, autour du curé, la liturgie est toujours célébrée, et la communauté fête ses joies et ses peines. L'Église est le centre de toute la vie et, pour la plupart, la seule référence, jusqu'au XVIIIe siècle.

e. Les Réformes et la division de la chrétienté occidentale

Le XVIe siècle marque un tournant dans l'Église d'Occident. Unie jusque-là, malgré toutes les querelles, elle va connaître une rupture entraînant, pour les communautés qui vont se séparer de l'Église catholique romaine, la fondation de deux courants confessionnels : l'**Église luthérienne de la Confession d'Augsbourg** et l'**Église réformée**. D'autres courants en naîtront.

● **Des réformes nécessaires.** Le besoin de réforme dans l'Église d'Occident devient indispensable après la guerre de Cent Ans (1337-1453) et l'ouverture de la société aux nouvelles techniques : redécouverte de l'Antiquité, exploration du monde, renaissance du grand commerce, apparition de l'imprimerie. Au milieu de ce bouillonnement, les ministres du culte n'ont souvent que peu d'instruction et les évêques sont fréquemment absents de leur diocèse. De plus, la papauté est affaiblie par l'une des crises les plus graves qui aient secoué l'Église. Elle est connue sous le nom de **grand schisme d'Occident**.

Durant tout le XIVe siècle, les monarques européens s'affrontent et prennent en otage la hiérarchie de l'Église. De 1309 à 1372, les papes se sont installés à Avignon, sous influence française. Le retour du souverain pontife à Rome en 1378 provoque une élection pontificale dissidente à Avignon. Les États d'Europe, et avec eux la chrétienté, se divisent autour de ces deux papes sans pouvoirs. Cette crise dure jusqu'en 1417. Les États arrivent enfin à s'entendre pour convoquer le concile de Constance, sous la présidence de l'empereur d'Allemagne. Les différentes nations sont d'accord pour rétablir l'unité de l'Église en déposant les papes en fonction et en en proposant un seul pour toute la chrétienté, Martin V.

La chrétienté sort bouleversée par cette crise. La réforme, nécessaire, est sans cesse repoussée car le monde occidental est en guerre. De plus, au début du XVIe siècle, les papes se laissent entraîner, à l'instar des autres princes italiens, dans les luttes politiques, mais aussi dans les innovations architecturales à Rome. L'ancienne basilique constantinienne de Saint-Pierre est remplacée par un nouvel édifice, entraînant des dépenses considérables. Pour recueillir les sommes nécessaires à ces travaux, le pape Léon X (1513-1521) relance le système des indulgences.

Les fidèles, contre paiement d'une somme d'argent, pensent acheter l'assurance de leur salut. Ce trafic va déclencher la réaction de Luther.

D'ailleurs, dans toute l'Europe des voix s'élèvent pour réclamer une réforme et en particulier un retour aux sources, aux Saintes Écritures : John Wyclif en Grande-Bretagne, Jan Hus en Bohême. Aux Pays-Bas, **Érasme** (1469-1536) s'attelle à la révision de la Bible en partant du texte grec. Une véritable effervescence intellectuelle règne en Europe. **Luther** et **Calvin** se situent dans ce courant.

- **Martin Luther** (1483-1546), moine augustin et professeur d'Écriture sainte à Wittenberg, s'élève contre les abus de la papauté et en particulier contre la pratique des indulgences. En 1517, il affiche ses fameuses thèses antipapales. Celles-ci sont immédiatement condamnées par l'Église. Refusant d'obtempérer, Luther est excommunié en 1520 et mis au ban de l'Empire allemand. Protégé par l'Électeur de Saxe, il se retire sur les terres de celui-ci et commence à traduire la Bible en langue allemande. Il élabore aussi sa doctrine – elle met en avant la liberté de l'homme et l'initiative divine –, qui sera rendue publique lors de la diète d'Augsbourg en 1530. Le luthéranisme sera désigné désormais sous le nom de **Confession d'Augsbourg**. Dès 1529, lors de la diète de Spire, les catholiques ont demandé que la prédication de cette doctrine, qui avait entraîné la guerre des Paysans, soit interrompue. Les disciples de Luther protestent contre ces réactions catholiques, d'où le nom de **protestants** qui sera attribué par la suite à tous ces chrétiens issus de la Réforme (et pas uniquement à ceux qui se réclament de la Confession d'Augsbourg). En 1555, après trois décennies de conflits, parfois armés, entre catholiques (derrière Charles Quint) et luthériens, la paix d'Augsbourg reconnaît à chaque prince le droit de choisir sa religion et de l'imposer à son État, selon le principe *cujus regio, ejus religio*. Les fidèles qui n'acceptent pas cette décision doivent s'expatrier. Dans les États devenus protestants, tous les biens de l'Église catholique sont sécularisés ; ils échoient aux princes ou aux villes qui organisent désormais la nouvelle religion.

Les deux grands principes du protestantisme luthérien sont : *sola fides, sola scriptura*. *Sola fides* : seule la foi sauve, l'homme est sanctifié par la grâce de Dieu et non par ses propres mérites. *Sola scriptura* : seule l'Écriture sainte est la norme de l'enseignement chrétien. La Tradition de l'Église est rejetée. La Bible

luthérienne adopte l'Ancien Testament hébreu et exclut les livres écrits directement en grec ou conservés en grec ; elle ne retient pas non plus les épîtres dites « catholiques » du Nouveau Testament (Tite, Timothée, Jacques), les attribuant à la Tradition et non aux apôtres.
Le protestantisme rejette les pratiques de l'Église catholique, en particulier la plupart des sacrements ; il ne conserve que le baptême et la Cène. Les fidèles sont l'Église. Il n'y a plus ni prêtres, ni évêques, ni religieux, mais des pasteurs qui enseignent l'Écriture sainte. Une hiérarchie profane organise désormais l'Église protestante.
La réforme luthérienne gagne surtout des adeptes dans les régions du nord de l'Europe. En France, bien que certains milieux soient attirés par cette réforme, la majorité adoptera plutôt la réforme de Calvin.
● **Jean Calvin**. Né à Noyon en 1509, Jean Calvin se tourne, aux environs de 1530, vers les idées réformatrices, et se sépare du catholicisme vers 1534. Il se réfugie à Bâle et, après un séjour à Strasbourg, où s'est développée la réforme luthérienne, il s'établit définitivement à Genève. Il réussit à y organiser le pouvoir civil selon la nouvelle loi religieuse.
Cette doctrine inédite est exposée dans son ouvrage ***Institution de la religion chrétienne*** et donne naissance au **calvinisme**. Comme la réforme luthérienne, le calvinisme rejette l'Église et les sacrements, hormis le baptême. L'homme découvre Dieu par la foi qui le régénère. Dieu est révélé par les Écritures saintes et la tradition primitive, c'est-à-dire les premiers conciles. Calvin insiste sur la prédestination : Dieu choisit ceux qui doivent être sauvés. Les « œuvres » sont incapables de sauver l'homme, seul le bon vouloir de Dieu peut réhabiliter la créature déchue. Le pouvoir civil doit surveiller les mœurs, l'exactitude de la prédication et l'étude de la Bible.
La pratique de la morale chez les luthériens et surtout chez les calvinistes est très stricte. Le mysticisme des catholiques est évacué et les cérémonies imposantes et hautes en couleur sont remplacées par un culte sobre (les populations peu ou pas lettrées lui reprocheront d'être trop cérébral).
Luther a voulu réformer l'Église. Il a échoué. A sa mort, les chrétiens sont divisés ; ils le restent aujourd'hui encore. L'Église réformée (les calvinistes) et bien d'autres communautés chrétiennes (baptistes, méthodistes, etc.) se réclament toujours de cet

héritage. Les protestants ont été longtemps traités d'hérétiques par les catholiques ; aux yeux de l'Église catholique romaine actuelle, ce sont des frères « séparés ».

● **Le concile de Trente.** Après avoir été secouée par ces déchirures, l'Église catholique va elle aussi entreprendre sa réforme. **La réforme catholique** est issue du **concile de Trente**. Suite à de longues tergiversations, en réponse aux critiques luthériennes, l'idée d'un concile se dessine en effet. Luther lui-même en réclamait un qui condamnerait le pape et l'Église romaine. Élu empereur en 1519, Charles Quint émet le même vœu. Mais les guerres qui se succèdent entre l'empereur et les États protestants, entre le roi de France et l'empereur, empêchent cette convocation. En définitive, le concile a lieu à Trente en 1545. Les trois sessions, avec plusieurs interruptions, s'échelonnent jusqu'en 1563. Les protestants, invités, ont finalement refusé d'y participer.

Son but est de définir clairement la doctrine de foi des catholiques, le rôle des sacrements (eucharistie, sacerdoce, mariage), l'importance de l'Écriture sainte et de la Tradition. Des points particuliers sont précisés : la doctrine du purgatoire (temps de purification des pécheurs après leur mort), le culte des saints, le péché originel et la justification du chrétien par la foi et les œuvres. Le concile aborde aussi des questions disciplinaires comme l'obligation faite aux évêques de résider dans leur évêché et de veiller au bon fonctionnement de la vie de leur diocèse. Il préconise la fondation de séminaires pour la formation des prêtres.

L'œuvre réformatrice du concile de Trente est importante : elle a remodelé l'Église catholique. On lui doit un catéchisme, un missel, un bréviaire. Ses exposés doctrinaux, qui donnent un nouvel élan au catholicisme, serviront de références à l'Église jusqu'au concile Vatican II.

En France, la réception du concile est freinée par le gallicanisme, de même en Espagne, où le roi se dit le vicaire de Dieu et supporte mal l'influence de la papauté. Dans les pays d'Europe du Nord, la situation des catholiques est difficile car, après tant de luttes intestines, ils ont du mal à survivre. Dans les Pays-Bas leur situation est un peu meilleure : si leurs biens sont saisis comme dans les autres pays protestants, la religion catholique reste tolérée. En Angleterre et en Irlande, les altercations entre catholiques et protestants se succèdent. Le schisme provoqué par Henry VIII (1534) va donner naissance à l'anglicanisme. Au départ, il conserve les pratiques des catholiques, mais désormais

le chef de l'Église n'est plus le pape mais le roi. Une radicalisation adoptant les thèses protestantes provoquera la scission entre *High Church*, fidèle aux traditions anciennes, et *Low Church*, gagnée par la Réforme.
Le XVIe et le XVIIe siècle ont été secoués par des crises et des guerres liées à l'intransigeance religieuse, soutenue, voire encouragée par les princes dans toute l'Europe. Le XVIIIe siècle apporte l'apaisement. Le christianisme commence à s'étendre hors de l'Europe, dans la foulée des premières grandes explorations du monde. Par ailleurs, dans les grands pays européens, l'idée d'une certaine tolérance entre catholiques et protestants tend à se développer.

C. LE CHRISTIANISME CONTEMPORAIN

a. L'expansion du christianisme

L'expansion coloniale du XIXe siècle permet au christianisme de gagner à l'ensemble des continents. Le renouveau religieux en Europe, après la vague révolutionnaire, le rapprochement des Églises catholiques nationales avec la papauté, la nouvelle conception, dans la chrétienté, des relations sociales fondées sur la justice, conditionnent une approche inédite de la religion. Des missionnaires, prêtres et religieuses catholiques, pasteurs protestants, en grand nombre, partent vers les pays d'Afrique, d'Asie et d'Amérique. L'évangélisation est accompagnée d'une œuvre sociale et éducative. Ce mouvement est continu jusqu'à la Seconde Guerre mondiale. Il donnera naissance à des Églises locales dynamiques, même si certaines d'entre elles ont partie liée à l'essor colonial.

b. Le renouveau du christianisme occidental

Les progrès des sciences dans le domaine profane se répercutent peu à peu dans le christianisme pour donner naissance aux sciences religieuses. Le mouvement débute chez les protestants par l'étude critique de la Bible. Il s'affirme également, à la fin du XIXe siècle, chez les catholiques. La méthode historique, à ses débuts, provoque chez les catholiques une crise d'application à l'exégèse biblique et à l'histoire des dogmes, le **modernisme**. Moins doctrine que tournure d'esprit, le modernisme oppose systématiquement foi et raison, découvertes scientifiques et enseignement traditionnel.

• **Le renouveau biblique et liturgique.** Sous l'inspiration de Léon XIII et grâce à la personnalité du dominicain Albert (Marie-Joseph) Lagrange (1855-1938), l'École pratique d'études bibliques de Jérusalem est fondée en 1890, ouverte à tous les chercheurs dont la volonté est de confronter le texte biblique aux découvertes archéologiques et aux documents de l'Antiquité. L'étude des Pères de l'Église, de l'épigraphie, des archives, permet un retour aux sources du christianisme.

La Bible est actuellement l'ouvrage le plus traduit dans le monde, le plus étudié, et son exégèse utilise les moyens scientifiques et techniques de pointe. La traduction œcuménique de la Bible (T.O.B) (1975) est le fruit d'un travail de très haut niveau, mené par des chercheurs catholiques, protestants et orthodoxes. Cette recherche scientifique a été bénéfique ; en particulier, elle a favorisé le rapprochement des Églises. Les révisions du droit canonique, en 1917 et en 1983, témoignent du souci d'adaptation du statut de l'Église romaine à la société contemporaine. La liturgie catholique voit ses rites épurés, grâce à une meilleure connaissance de leur histoire, de leur signification ; surtout, on utilise les langues vivantes dans la lecture de l'Écriture et dans les sacrements.

• **L'œcuménisme.** Grâce à cette recherche des origines, le mouvement œcuménique progresse. Des lieux de rencontre ont été créés. En 1959, la Conférence des Églises européennes, regroupant les Églises protestantes, anglicanes et orthodoxes de l'Ouest et de l'Est, est fondée. Cette conférence travaille en association avec le Conseil des conférences épiscopales européennes, catholique. Ensemble, ces instances ont préparé le Rassemblement de Bâle de 1989 (où toutes les Églises se sont exprimées dans des résolutions concernant l'Europe) et celui de Graz en 1997. De son côté, la communauté de Taizé favorise la rencontre des jeunes chrétiens dans la prière, la réflexion et l'échange.

Ces progrès ont pu être réalisés grâce au concile **Vatican II**, lancé par le pape Jean XXIII et mené à son achèvement par Paul VI. Tout en réaffirmant la valeur doctrinale de la Bible et de l'enseignement de l'Église catholique, ce concile va favoriser l'adaptation au monde contemporain et à ses nouvelles exigences. Il conforte l'engagement des laïcs et reconnaît la liberté religieuse. Des difficultés d'application susciteront chez certains chrétiens qui trouvent ses constitutions trop avant-gardistes, des réactions intégristes.

• **L'engagement social** est devenu une priorité pour les catholiques comme pour les protestants. Les Églises favorisent l'action auprès des plus pauvres, soit individuelle soit dans des mouvements caritatifs. Leur engagement dès le XIXe siècle, la doctrine sociale catholique (promulguée par le pape Léon XIII en 1891 dans son encyclique *Rerum novarum*), l'Action catholique, des organismes spécialisés comme Caritas (association catholique internationale) ou la Cimade (service d'entraide protestant français), des personnalités telles que le pasteur Schweitzer, Mère Teresa ou Sœur Emmanuelle donnent une nouvelle dimension aux Églises. « Un trait est commun à la plupart des Églises et communautés chrétiennes en Asie, qui les rapproche de celles de l'Europe et de l'Amérique du Nord et du Sud. Elles entendent jouer un rôle dans la cité, non par conservatisme mais pour changer l'ordre établi : au nom des droits de l'homme, de la démocratie, de la justice sociale. Aux Philippines et en Corée du Sud, elles sont intervenues en force pour jeter bas les dictatures. Au Vietnam, en Chine, elles résistent au communisme, et même très minoritaires comme en Chine et en Inde, elles peuvent être, ici et là, des catalyseurs de changement. » (*Ramsès 92, Christianisme et Sociétés*, IFRI (Institut français des relations internationales), sous la direction de Thierry de Montbrial.)

c. Églises orthodoxes et Églises d'Orient

Les Églises orthodoxes émergent peu à peu de l'emprise des dictatures qui les ont persécutées. Poussées à se défendre, elles ont souvent servi de refuge à l'identité nationale. Sorties de cette épreuve exsangues, divisées, déconnectées de l'évolution chrétienne, elles éprouvent aussi des difficultés liées à leur hiérarchie, longtemps complaisante avec les régimes en place. Entre elles, ces Églises nationales ont du mal à collaborer, chacune se proclamant autocéphale. Le patriarche de Constantinople voudrait faire l'unité de l'orthodoxie autour de lui, mais il se heurte au patriarche de Russie, qui affiche les mêmes prétentions. Cette rivalité freine les progrès de l'unité du monde orthodoxe et annihile tous les efforts des catholiques en vue d'un retour à la communion des Églises entre Orient et Occident, si proches par leurs dogmes. Le patriarche Athénagoras a accepté la réconciliation avec l'Église catholique au cours de sa rencontre avec le pape Paul VI, en 1964, et des contacts se poursuivent entre le patriarche de Constantinople et Jean-Paul II. Malheureusement, le patriarche de Russie refuse tout contact avec les catholiques, qu'il accuse de prosélytisme. En effet, depuis la chute du communisme, les orthodoxes uniates, essentiellement en Ukraine et en Roumanie, essaient de récupérer une partie de leurs biens confisqués par les orthodoxes. D'où une situation conflictuelle dont on fait endosser la responsabilité à Rome. De plus, la nouvelle législation entrée en vigueur en Russie n'assure pas la totale liberté religieuse.

Les Églises d'Orient doivent faire face au renouveau de l'islam. Réduites souvent à de toutes petites communautés, elles sont soutenues par l'Occident. Leur force est d'avoir su garder une implantation locale qui favorise leur cohésion. Tout en préservant leurs spécificités, elles tentent de se rapprocher les unes des autres pour une meilleure résistance sur le terrain et une œuvre éducative et sociale plus positive. Plusieurs ont pris contact avec l'Église catholique romaine en vue d'une reconnaissance mutuelle. Lors du synode du Liban de 1997, les contacts ont été nombreux. La relation avec l'Église orthodoxe grecque est plus difficile, mais l'espoir d'une reconnaissance mutuelle subsiste.

Ainsi, le renouveau chrétien, par son retour aux sources et la prise en compte de l'histoire, laisse espérer une union des chrétiens. Il est illustré par le monastère de Chevetogne, en Belgique, fondé en 1925 pour favoriser les liens entre les Églises.

d. Quelques chiffres

Catholiques romains : 900 millions ; protestants : 450 millions ; orthodoxes : 170 millions ; juifs : 20 millions ; musulmans : 850 millions. (Ces chiffres sont cités par Michel Leplay dans *Foi et vie des protestants*, Desclée de Brouwer, 1996.)

La population mondiale croît très vite et le christianisme y est devenu minoritaire. Les plus fortes concentrations de population se trouvent dans des régions peu touchées par le christianisme : la Chine, l'Inde. Si les chrétiens veulent éviter d'être marginalisés, s'ils veulent garder un rôle actif à l'échelon mondial, ils sont acculés à poursuivre leurs efforts vers plus d'unité et à s'engager résolument ensemble, au nom de l'Évangile, dans la lutte pour davantage d'humanité et de justice sociale dans le monde.

1. NAISSANCE DE L'ISLAM

La révélation de Mahomet s'adresse à un monde polythéiste qu'elle veut réformer.

A. MAHOMET EN SON TEMPS

a. Islam, musulman

Le verbe *'aslama*, d'où vient islam, signifie « se confier à quelqu'un ». Dans la révélation du Prophète et dans la religion qui s'organise autour d'elle, il est admis qu'il s'agit de la « soumission », de la remise confiante à l'Éternel. Être croyant suppose qu'on se donne entièrement à Allah et qu'on obéisse à ses commandements.

b. Le milieu et la vie du Prophète

Mahomet (en arabe, Muhammad) est né à La Mecque, dans une des provinces les plus reculées du Moyen-Orient, dans le Hedjaz, pays qui s'étale le long de la mer Rouge, à l'ouest de la péninsule d'Arabie. La région, désertique, a un climat très contrasté, d'une grande amplitude thermique. Seules les sources permettent la vie, et les oasis se développent autour d'elles.
Cet environnement naturel a marqué les hommes qui y vivent et a déterminé leurs activités : ils sont nomades et marchands. Nomades, ils vont avec leurs troupeaux d'un point d'eau à un autre ; caravaniers, ils assurent la liaison entre les cités, du Nord au Sud, et contrôlent le commerce de la région.
A l'époque de Mahomet, l'Arabie est polythéiste ; elle demeure peu touchée par le judaïsme et par le christianisme. Il y avait une communauté juive à La Mecque et à Médine et des groupes de chrétiens nestoriens et monophysites en Arabie. Les populations arabes vénèrent des divinités tribales ou locales à faible anthropomorphisme, et pratiquent des cultes à caractère astral, matérialisés par des rites autour d'un **bétyle**, une pierre sacrée censée être tombée du ciel. Le plus célèbre de ces lieux de culte est la **Ka'ba** de La Mecque qui contient la Pierre noire. Dans cette ville sont honorées également trois divinités : al-Manât, déesse du Bonheur, Allât, déesse du Ciel, et Allah, qui prend la première place à partir du VIIe siècle. Cette Ka'ba est déjà, avant

l'islam, un centre de pèlerinage pour les tribus arabes, un espace sacré. Ce culte favorise des pratiques sacrificielles et des règles de pureté rituelle. Des devins, inspirés par des forces surnaturelles, répondent aux consultations. Proférées en vers ou en prose, leurs réponses ont un caractère magique. Comme tous les cultes de l'Antiquité polythéiste, ces pratiques sont uniquement rituelles et n'entraînent pas d'obligations morales. Chaque tribu a ses propres codes de vie : entre tribus, tous les coups sont permis.

Mahomet a grandi dans ce milieu culturel. Sa vie est connue par des allusions trouvées dans le Coran et par la tradition qui servira, au IXe et au Xe siècle, à composer la biographie du Prophète. Celle-ci sera adoptée par tous les musulmans. Le Coran ne donne pas d'indications chronologiques mais il cite quelques noms dont celui de Mahomet, qui apparaît quatre fois sous la forme de Muhammad et une fois sous la forme de Ahmad (LXI, 6). Ces deux formes signifient « le très glorieux ».

Mahomet est sans doute né entre 570 et 580, dans la tribu des Quraysh. Orphelin très jeune, il est confié à son oncle et participe rapidement aux activités commerciales. Il entre au service d'une riche veuve, Khadija, dont il dirige les affaires et qu'il épouse malgré la différence d'âge. Elle lui donne quatre filles, dont Fatima, qui sera l'épouse d'Ali, un cousin. Après la mort de Khadija, en 619, Mahomet épousera douze femmes, dont Aïcha, la fille d'un de ses compagnons, Abou Bakr.

c. Les premières manifestations de l'islam

La tradition situe les premières révélations du Prophète vers la fin de la vie de sa première femme, puisque Khadija fut la première croyante. Les compagnons auxquels le Prophète fait part de son enseignement sont Abou Bakr, commerçant de La Mecque, son beau-père, son fils adoptif Zaid et son cousin Ali. Les disciples du Prophète, un cercle de fidèles, suscitent l'hostilité des Mecquois. Après la mort de sa première femme, Mahomet décide de quitter La Mecque. La tradition situe en 622 le voyage nocturne du Prophète à Jérusalem et de là jusqu'au ciel, arraché de la célèbre pierre du Rocher par un animal fabuleux. Seule la date du départ du Prophète pour Yathrib est attestée avec précision. Elle marque le point de départ de l'ère islamique et du calendrier musulman : c'est l'**hégire**. La tradition veut que Mahomet ait alors quarante ans.

A Yathrib, devenue Médine (*al-Madinat al-Nabi*, la « ville du Prophète »), Mahomet est le chef de la communauté, l'*umma*, le législateur et le juge. Il répand la nouvelle foi et combat ceux qui s'opposent à sa prédication. Chef de guerre, il se rallie les tribus bédouines et combat les Mecquois qui essaient de lui barrer la route. En l'an 2 de l'hégire, ses partisans sont victorieux des troupes de La Mecque à Badr. Cette victoire est stratégiquement insignifiante, mais de la plus grande importance pour la nouvelle communauté : Allah, devenu leur seul Dieu, s'est prononcé pour le Prophète. Les luttes se poursuivent contre les Mecquois jusqu'en 628. Cette année-là, pendant le mois sacré, Mahomet et ses compagnons obtiennent l'autorisation, pour l'année suivante, d'aller au pèlerinage, encore polythéiste, de La Mecque. En janvier 630, Mahomet décide d'investir cette ville. Il fait de la Ka'ba, débarrassée de ses idoles, le lieu de culte à Allah.
Mahomet étend dès lors sa domination sur une grande partie de l'Arabie ; il soumet des chrétiens à Najrân et leur impose un tribut, condition qu'il met pour qu'ils puissent pratiquer leur religion. Il lance une première expédition en Syrie, contre l'Empire byzantin. Il meurt à Médine en 632.

d. La révélation, la nouvelle religion

On n'a guère de détails concernant le début de la révélation faite à Mahomet. La tradition veut qu'il ait pris l'habitude de se retirer dans une caverne du mont Hira, près de La Mecque. Là, au cours du mois de ramadan, il est appelé par l'ange Gabriel, qui lui enjoint de transmettre aux hommes les révélations que lui fait l'Esprit de sainteté. D'abord hésitant, il est encouragé par Khadija et commence à communiquer ces révélations. Celles-ci se poursuivront durant toute la vie du Prophète. Transmises à ses compagnons, elles formeront le **Coran**, « récitation » des révélations d'Allah.
Évinçant les autres divinités du monde arabe, Allah est devenu le seul Dieu. Le Coran est considéré comme l'expression de sa parole, transmise par le Prophète, qui se veut l'envoyé d'Allah pour annoncer le jugement de la fin des temps qui est proche. Il invite les habitants de l'Arabie à changer de vie : abandonner les idoles païennes, reconnaître Allah comme seul Dieu, se soumettre à sa volonté et respecter ses commandements pour se préparer au jugement.
L'hostilité de La Mecque pousse Mahomet à établir sa théocratie à Médine. Il rompt les liens avec les juifs, qui s'opposent à lui,

et il fait de l'islam une religion nouvelle et indépendante qu'il rattache à Abraham. Celui-ci a vécu avant le don de la Loi du Sinaï, il n'est donc pas juif mais musulman. Car Mahomet accuse les juifs et les chrétiens, peuples du Livre, d'avoir déformé la révélation divine ; celle-ci est rétablie par le Coran. Désormais les musulmans se tournent vers la Ka'ba pour la prière et non vers Jérusalem comme les juifs. La Ka'ba est le lieu sacré par excellence, construit par Abraham et Ismaël, le premier fils du patriarche. Pour se désolidariser des cultes juif et chrétien, Mahomet choisit le vendredi comme jour de prière solennelle, c'est-à-dire le sixième jour de la semaine, qui vit la création d'Adam selon le récit de la Genèse.

Après sa victoire sur les habitants de La Mecque, en 630, Mahomet instaure officiellement la nouvelle religion. La communauté des croyants, l'*umma*, reconnaît le seul Allah, et veut désormais le faire accepter par tous.

La nouvelle religion intègre donc des éléments préislamiques : la Ka'ba, le pèlerinage à La Mecque, le ramadan, Allah, en leur donnant un sens nouveau. Elle intègre aussi des événements de la Bible en les adaptant. La vie des croyants est organisée désormais en se fondant sur la parole du Prophète. Les événements de la vie du Prophète sont rapportés par la tradition, la *sunna*, et se devinent, en partie, dans le Coran.

B. LA SUCCESSION DU PROPHÈTE

Le Prophète n'ayant pas eu de fils, sa succession est difficile.

a. Les quatre premiers califes

L'institution du califat (du mot **calife**, « successeur »), s'impose à la mort du Prophète. La charge de diriger la communauté des croyants revient à l'un des compagnons de Mahomet, Abou Bakr, qui dirigeait déjà la prière. Avant de mourir, en 634, il désigne son successeur, Omar, qui est assassiné en 644. Mecquois et Médinois sont rivaux. La succession est proposée à Ali, cousin et gendre du Prophète. Il décline l'offre. Les suffrages vont à Othman, lui aussi gendre du Prophète, issu de l'aristocratie mecquoise, les Omayya. Il est assassiné en 656. Cet acte ouvre une crise grave et aboutit à la division de la communauté. Élu calife, Ali n'arrive pas à imposer son autorité, surtout face à la famille d'Othman, ralliée tardivement à Mahomet, après l'avoir combattu farouchement. Cette adhésion lui a valu des honneurs importants. Ainsi, le cousin d'Othman, Mu'âwiya, devient gouverneur de Syrie. Cette ascension rapide a créé des jalousies et a exaspéré des rivalités entre les partis et jusque dans la famille de Mahomet. Sa branche aînée (celle d'Ali), les Hachémites, se heurte à la branche cadette (celle d'Othman), les Omeyyades, qui s'imposera. Cette situation n'est acceptée ni par les **kharidjites** (les « révoltés ») ni par les fidèles d'Ali (qui deviendront les **chiites**, les « partisans »). Ali, qui a accepté l'arbitrage du Coran en faveur de Mu'âwiya, un Omeyyade, lors de la bataille de Siffin, en 657, et qui finalement renonce à ses droits, est assassiné en 661. Ceux qui avaient proposé et accepté l'arbitrage, la majorité sunnite, pensaient résolue par le droit la question de la succession du Prophète. Ils affirment que celle-ci ne doit pas reposer sur la famille comme le veulent les partisans d'Ali, mais sur son héritage spirituel, le Coran. La *sunna*, la « conduite » du Prophète telle que la rapporte la tradition, est mise par écrit aux VIIIe et IXe siècles ; elle rapporte les *hadith*, propos et actes du Prophète.

b. L'évolution des courants

- Les **chiites**. Le deuxième successeur d'Ali, Hussein, son second fils, est massacré à la guerre avec tous ses compagnons. La date de cet assassinat devint pour les chiites un jour de deuil et de pénitence. Hussein est reconnu pour le troisième imam. Chez les sunnites, ce mot désigne la personne qui est à l'avant, l'*amâm*, au premier rang pour diriger la prière. Chez les chiites, l'imam est l'élu ; cette élection est divine et lui confère une mission théologique. En effet, l'imam doit expliquer, préciser la vérité divine. Il ne s'agit donc pas d'une succession politique et dynastique, mais d'une succession spirituelle, à laquelle sont liés de véritables pouvoirs théologiques. L'imam est le guide spirituel, le maître à penser. L'interprétation du rôle de l'imam et son mode d'élection vont entraîner des scissions, illustrées notamment par les deux principales branches du chiisme : les septimains et les duodécimains. Les septimains, ou **ismaïliens**, restent fidèles au septième imam, Ismaïl. Les druzes et les alaouites sont des rameaux de cette branche. La majorité des chiites se rattachent aux duodécimains d'Iran. Ceux-ci restent fidèles au douzième imam.
- Les **sunnites**. La majorité des croyants se rallie au calife issu de l'arbitrage et s'inclinent devant le jugement rendu en faveur de Mu'âwiya. Ils acceptent du même coup l'importance de la *sunna*, la tradition. Encore de nos jours, les sunnites sont les plus nombreux, ils représentent environ 90 % de l'Islam.

Entre le VIIIe et le IXe siècle, les sunnites vont se diviser en branches diverses, issues des écoles juridico-religieuses. La difficulté d'interpréter et de codifier la tradition afin de fixer les rites et les relations sociales entraîne des applications diverses. Les choix se feront en fonction des familles conquérantes. Mais toutes ces « écoles » sont empreintes des mêmes principes fondamentaux : Coran et *sunna*. La division provient surtout de l'évolution politique et juridique des régions, les liens avec le calife devenant très lâches, voire inexistants. Au fur et à mesure que l'islam se répand en dehors des régions arabes, les émirs prennent leur indépendance et adoptent le droit juridico-religieux qui s'est imposé dans leur contrée. Aujourd'hui quatre « écoles » juridico-religieuses sont reconnues pour orthodoxes et sont présentes dans les grandes universités islamiques.

- Les **kharidjites** forment un courant très minoritaire et ultra-légitimiste. Leurs descendants actuels, les ibadites, surtout dans le sud du Maghreb et en Oman, pratiquent un islam très rigoriste. Ils représentent moins de 1 % des musulmans.

L'unité de tout l'Islam repose sur l'enseignement du Coran.

2. LE CORAN ET SES RÈGLES DE VIE

Le Coran est la référence fondamentale de laquelle le musulman tire les normes de sa vie.

A. LE CORAN

a. L'élaboration

Le mot Coran (de l'arabe *qur'an*) signifie « lecture » ou « récitation ». Mahomet ne sait ni lire ni écrire. Il répète les paroles de la révélation et certains de ses compagnons mettent par écrit des fragments de celle-ci. La plupart de ces premiers croyants savaient par cœur les paroles du Prophète. Ces textes n'avaient rien d'officiel ; différentes rédactions circulent, divergentes, et entraînent des divisions. Aussi le calife Othman décide-t-il de faire établir vers 650, par une commission, un texte officiel du Coran, dont il envoie une copie dans toutes les villes, l'original restant à Médine. Le plus ancien exemplaire de ce Coran date de 776. Il faudra attendre le Xe siècle pour que cette version soit acceptée, non sans hésitations, par tous les musulmans.

En effet, l'écriture arabe, issue du nabatéen, est apparue environ un siècle avant la venue du Prophète. A cette époque, les lettres ne sont pas bien détachées les unes des autres, il n'y a ni ponctuation ni voyelles. Les difficultés de lecture et de compréhension du texte vont entraîner des discussions durant les trois premiers siècles de cette histoire, de la part des chiites en particulier. Aussi, au IXe siècle, pour fixer les lectures officielles, on détermine sept possibilités d'interprétation, émanant d'auteurs issus des grands centres : La Mecque, Médine, Damas, Bassorah, Coufa. Plus tard le nombre est fixé à dix puis à quatorze, les sept premiers gardant cependant la primauté.
Tel qu'il est aujourd'hui, le texte peut être considéré comme l'édition officielle, acceptée par toutes les autorités de l'islam. La première impression du Coran date de 1923. Le texte du Coran n'a pas encore été soumis systématiquement (sauf par des islamologues occidentaux) à la critique historique fondée sur la paléographie, l'épigraphie, la philologie, l'archéologie, comme l'a été la Bible depuis le XIXe siècle.

b. L'organisation du texte

C'est un texte poétique. Il se répartit en 114 chapitres appelés surates, de longueur variable – de 3 versets (surates 103 et 108) à 286 versets (surate 2). En tout il comprend 6 536 versets. Le classement des surates ne répond pas à la logique ou à la chronologie. Au Xe siècle, elles ont été classées selon leur longueur, les plus longues étant au début du Coran. La tradition musulmane indique uniquement s'il s'agit d'un texte dicté à La Mecque ou à Médine. Les titres ne font pas partie de la révélation, il s'agit souvent d'un mot clé de la surate.
Le texte contient des redites et des contradictions. La tradition veut que le Prophète, durant sa longue période de révélation, ait reçu des paroles différentes à propos du même sujet et qu'en principe la deuxième version de la révélation doive effacer la première. Mais comme toute révélation reflète la volonté divine, le Coran a conservé l'ensemble des textes.
Il est évident que les surates sont marquées par les événements et les circonstances qui les ont vu naître. Ainsi Mahomet appelle à la conversion dans le milieu hostile de La Mecque, auquel le Prophète promet les maux du jugement dernier, et il condamne les concitoyens qui le prennent pour un fou. A partir de l'hégire, il appelle au monothéisme absolu et au combat pour Allah, et il se heurte aux juifs et aux opposants mecquois. Dans les der-

nières années de sa vie, il organise la théocratie de Médine. Il veut apprendre aux populations à vivre selon la loi d'Allah et en leur rappelant qu'elles doivent combattre leurs ennemis.
Le Coran est reçu par le croyant comme un tout, comme l'intégralité de la révélation reçue par le Prophète.

c. Le contenu du Coran

Le texte du Coran, sacré pour le croyant, est considéré comme une copie dont l'original est auprès d'Allah. Il a été révélé au Prophète en langue arabe : celle-ci est donc langue sacrée. Traduit, il perd sa qualité de parole divine.
Les principaux thèmes abordés par le Coran portent sur Allah, son enseignement, le jugement dernier et la création.

- **Allah et ses attributs.** Allah est unique : « Il est Dieu, il n'y a de Dieu que lui » (LIX, 22). Allah est « roi, saint, paix, celui qui témoigne sa propre véridicité, le Vigilant, le tout-puissant, le très-fort, le très-grand [...] Allah, le créateur, celui qui donne un commencement à toute chose. Il est le tout-puissant, le sage » (LIX, 23-24). Ce passage de la surate « Le rassemblement » exprime bien le sentiment des musulmans à l'égard d'Allah et son unicité. La nier est un péché sans rémission, une impiété. Le premier des croyants en Allah est Abraham : « [Il] n'était ni juif ni chrétien mais un vrai croyant soumis à Allah, il n'était pas au nombre des polythéistes » (III, 67). Le Coran prévient : « Ne dites pas "trois", cessez de le faire, ce sera mieux pour vous. Allah est unique. Gloire à lui. Comment aurait-il un fils ? » (IV, 171). Donc : « Ceux qui disent "Dieu est le Messie, fils de Marie" sont impies » (V, 72). Et : « Allah interdit le paradis à quiconque attribue des associés à Allah. Sa demeure sera le feu. Oui, ceux qui disent "Allah est, en vérité, le troisième de trois" sont impies. Le Messie, le fils de Marie, n'est qu'un prophète » (V, 72, 73, 75). Les impies sont condamnés au châtiment éternel. La foi du croyant a pour objet Allah éternel, omnipotent, qui ne cesse de montrer sa puissance, omniscient et créateur de tout. Cette foi est le cœur de l'islam.
- **Le croyant et Allah.** Le croyant reçoit la faveur d'Allah s'il s'en remet entièrement à lui. Il sera récompensé au jugement dernier, au cours duquel Allah viendra demander des comptes. Car Allah est miséricordieux pour le croyant et intraitable pour l'impie, c'est-à-dire l'infidèle. Le pouvoir d'Allah est absolu : il arrête le destin de chacun : « Allah crée ainsi ce qu'il veut » (III, 47 ; V, 17 ; XXIV, 45 ; XXX, 54) et il mène vers lui ceux qu'il a

choisis : « Allah guide vers sa lumière qui il veut » (XXIV, 35). De même : « Il châtie qui il veut, il fait miséricorde à qui il veut » (XXIX, 21). L'homme est seul face à Allah, il subit les épreuves de la vie et comparaît seul, pour la rétribution de ses œuvres.
La foi en Allah est donc fondamentale : le nom d'Allah est cité deux mille sept cents fois dans le Coran. De plus, chacun de ses versets est considéré comme disant tout. Aussi, pour un musulman qui ne comprendrait pas la langue arabe, il suffirait, à la rigueur, de savoir un seul verset pour avoir accès à la révélation.
• **Allah et la création.** « Allah a tout créé, le ciel et la terre et tout ce qu'ils contiennent, enfin l'homme, le tout en six jours ; Allah qui est commencement et fin, juge les hommes » (VII, 54). Le croyant doit adhérer à l'ensemble de cet enseignement et respecter le Coran, car il contient : « une religion immuable » (VI, 161). En conséquence, « les portes du ciel ne seront pas ouvertes à ceux qui auront traité nos signes de mensonges, ceux qui s'en seront détournés par orgueil ; ils n'entreront pas dans le paradis aussi longtemps qu'un chameau ne pénétrera pas dans le trou de l'aiguille. C'est ainsi que nous rétribuons les pécheurs. Ils trouveront, dans la géhenne, des lits avec des couvertures de feu qui les envelopperont » (VII, 40-41).
En résumé, Allah est l'unique Dieu, il a créé l'univers, les anges, les démons, les djinns et les hommes ; Allah a parlé aux hommes par les prophètes et leur a enseigné l'islam par Mahomet ; au jugement dernier, il rétribuera les hommes et ressuscitera les fidèles. « Allah jugera entre vous ; Allah ne permettra pas aux incrédules de l'emporter sur les croyants » (IV, 141).

d. Le Coran et la Bible

Apparemment, Coran et Bible sont proches. L'islam ne s'est-il pas développé dans une région où étaient présentes les traditions juive et chrétienne ? Des événements, telle la création, et de nombreux personnages bibliques sont utilisés ou cités dans le Coran. Pourtant, la présentation des personnages et l'interprétation des faits sont radicalement différentes. Les récits tels qu'ils sont présentés dans le Coran sont influencés par les écrits apocryphes qui circulaient durant les premiers siècles chrétiens, riches d'anecdotes et de récits merveilleux. Les chrétiens les ont bannis du Nouveau Testament. Pour eux comme pour les juifs, les personnages de la Bible, rois, prophètes, sages, ont tous eu pour mission d'annoncer le salut de Dieu à tous les hommes, sans qu'aucun n'en ait le monopole, et, pour les chrétiens, Jésus est

Fils de Dieu. Pour le Coran, seul Mahomet est venu révéler la vérité d'Allah ; et le Coran est plein d'accusations contre les juifs et les chrétiens, ces « gens du Livre » qui ont été infidèles : « O gens du Livre ! la plupart d'entre vous sont pervers [...], ils sont les plus profondément égarés hors de la voie droite » (V, 61).
L'islam affirme, en effet, que la foi musulmane apparaît à travers la Torah et le Nouveau Testament : « Nous avons, en vérité, révélé la Torah où se trouvent une direction et une lumière [...]. Les maîtres et les docteurs rendaient la justice conformément au Livre d'Allah. Nous avons donné l'Évangile, où se trouvent une direction et une lumière pour confirmer ce qui était avant lui de la Torah. Nous t'avons révélé le Livre de la Vérité pour confirmer ce qui existait du Livre, avant lui, en le préservant de toute altération » (V, 44-46).
Pour le musulman, l'enseignement du Coran est préexistant à la Bible, et les prophètes n'en ont reçu qu'une partie ou ont altéré son contenu. Au contraire, les juifs et les chrétiens y voient la continuité de l'histoire de Dieu auprès des hommes ; les musulmans n'y voient qu'une partie du Coran. Le dernier des prophètes avant Mahomet est Jésus, mais le Coran lui dénie une supériorité quelconque car il n'est que le septième des grands prophètes : « Nous croyons en Allah, à ce qui nous a été révélé, à ce qui a été révélé à Abraham, à Ismaël, à Isaac, à Jacob et aux tribus, à ce qui a été donné à Jésus, à ce qui a été donné aux prophètes de la part de leur Seigneur. Nous n'avons de préférence pour aucun d'eux » (II, 136).
En réalité, seul Mahomet est le vrai Prophète, celui qui transmet toute la vérité d'Allah, ce que les « gens du Livre » ne font pas. Il n'y a donc pas dans le Coran d'histoire de salut comme dans la Bible ; Jésus n'est pas venu accomplir ce salut en révélant le Royaume de Dieu, promis dès les patriarches et à travers tous les personnages de l'Ancien Testament. Seul le musulman, le vrai croyant, peut obtenir la miséricorde d'Allah.
Aussi, ni les juifs ni les chrétiens ne se reconnaissent dans la présentation qui est faite d'eux dans le Coran ; leur foi y est caricaturée. Ils refusent de croire qu'ils sont tous musulmans d'office et que seul l'islam peut apporter le salut. Autre divergence fondamentale : dans la Bible, dès l'origine, l'homme et la femme sont considérés comme égaux : « Voici l'os de mes os et la chair de ma chair » (Gn 2,23). Et les humains sont créés à l'image de Dieu : « Dieu créa l'homme à son image, à l'image de

Dieu il le créa ; mâle et femelle il les créa » (Gn 1, 27). Ils ont reçu pour mission de « dominer » la création (Gn 1, 28) et ainsi d'être associés à la création et à la parfaire. Le Coran dit : « Les hommes sont supérieurs aux femmes en raison des qualités par lesquelles Allah les a élevés au-dessus d'elles et parce qu'ils ont la charge de les entretenir financièrement » (IV, 38).
Ainsi, si l'islam semble être proche du judaïsme et du christianisme par le culte rendu au Très-Haut, les rapprochements simplistes doivent être évités. La démarche du Coran est autre, dans ses manières et dans son objet, tant dans sa conception de Dieu que dans celle de l'homme.

B. LES OBLIGATIONS DU MUSULMAN

Le Coran est la source de la foi, il est aussi la source de la volonté d'Allah pour la vie du croyant. Pourtant, si l'organisation de la société et les rites religieux émanent de lui, la *sunna* joue aussi un rôle important.

a. Le statut des fidèles

Le Coran a servi de fondement pour fixer le statut des musulmans et le statut de ceux-ci face aux autres sociétés, les « infidèles ».
La justice est réglée par la loi du talion : « La loi du talion vous est prescrite en cas de meurtre » (II, 178). Dans le monde, les croyants se situent au-dessus des infidèles : « Ceux qui craignent Allah sont au-dessus d'eux » (II, 212). Aussi : « N'épousez pas de femmes polythéistes. [...] Ne mariez pas vos filles à des polythéistes » (II, 220) – il s'agit des habitants d'Arabie qui ne se sont pas convertis à l'islam. Les chrétiens sont accusés, eux aussi, de polythéisme à cause de leur foi en un Dieu trinitaire.
Le Coran demande également de faire un testament de ses biens : « En faveur de ses père et mère, de ses parents les plus proches » (II, 180). Le droit successoral est complexe.
Les relations familiales sont détaillées avec minutie dans le Coran. L'homme a la prééminence sur la femme (II, 228) et dispose de l'autorité (II, 34). Il peut répudier sa femme, qui a la possibilité de se remarier après trois mois (elle doit faire part à son ex-mari d'une grossesse éventuelle ; celui-ci peut alors la reprendre jusqu'à la naissance de l'enfant). L'épouse veuve est, elle aussi, autorisée à se remarier, après un délai de quatre mois et dix

jours. Une femme répudiée a droit à une pension. L'homme peut épouser « deux, trois ou quatre femmes » (IV, 3), à condition de pouvoir subvenir à leurs besoins. Il peut prendre en outre esclaves et concubines.

Le Coran donne aussi des indications sur les relations économiques entre les membres de la famille, les obligations envers les enfants, envers les orphelins. Ainsi : « Allah vous ordonne d'attribuer au garçon une part égale à celle de deux filles » (IV, 11). Si la femme meurt sans enfants, la moitié de ses biens va au mari, sinon le quart. Pour éviter les mariages consanguins, le Coran régit également le degré de parenté.

b. Les relations en dehors de la famille

Un croyant ne peut pas tuer un autre croyant (IV, 92). A l'inverse, le droit est variable envers le non-croyant : « Chaque fois qu'ils sont poussés à la révolte, ils y retombent en masse. S'ils ne se retirent pas loin de toi, s'ils ne vous offrent pas la paix, s'ils ne déposent pas les armes, saisissez-les, tuez-les partout où vous les trouverez. Nous vous donnons pouvoir sur eux » (IV, 91). C'est un devoir de combattre ces hypocrites « dans le chemin d'Allah » (IV, 95). Mais avant cela, il faut essayer de les convertir, et s'ils demandent la paix, il faut la leur accorder (IV, 90). Ces prescriptions donnent naissance au statut des « infidèles ». Les « gens du Livre », juifs et chrétiens, peuvent garder leur religion à condition de payer un impôt de capitation, parfois très lourd, et ce dès les premiers siècles de l'islam. C'est le statut de la **dhimmitude**, signe d'infériorité par rapport aux musulmans. Pourtant, le Coran invite aussi à entretenir de bonnes relations avec eux : « Ne discute avec les gens du Livre que de manière la plus courtoise, sauf avec ceux qui sont injustes » (XXIX, 46). Le croyant doit donc garder de bons rapports avec les infidèles et être juste et équitable avec eux, sans chercher systématiquement à s'enrichir.

Du Coran sera tiré le droit pénal, fixé par les juristes. La ***sharia*** s'applique à tous les membres de la communauté, et les peines sont lourdes : le vol est puni par l'ablation de la main droite, le brigandage de la peine de mort, la fornication de cent coups de fouet. L'interprétation du Coran et de la tradition joue un rôle considérable dans le monde musulman, même s'il y a eu évolution. Elle a profondément marqué sa mentalité, car la loi islamique est l'expression du contrat qui lie Allah au croyant et le jugement ultime tiendra compte du respect de ce contrat.

c. Les obligations religieuses ou les « cinq piliers de l'islam »

Les cinq obligations rituelles, appelées les « piliers de la religion », sont : la profession de foi, la prière rituelle, le jeûne du ramadan, l'aumône et le pèlerinage à La Mecque.

• **La profession de foi** consiste à reconnaître qu'il n'y a qu'un seul Dieu, Allah, affirmation qui revient très souvent dans le Coran. La tradition y a ajouté : « Et Mahomet est son Prophète. » Le croyant se doit de redire souvent cette profession.

• **La prière rituelle.** Le Coran y invite à trois reprises (VII, 205 ; II, 238 ; VII, 2) : « Seuls sont vraiment croyants [...] ceux qui s'acquittent de la prière. »

La tradition a fixé à cinq le nombre des prières quotidiennes, et la loi islamique a instauré un ensemble de gestes et de paroles à suivre rigoureusement. La prière est un élément essentiel du culte. Elle se déroule à des moments précis de la journée : le matin à l'aube, entre l'aurore et le lever du soleil, à midi, au milieu de l'après-midi, le soir au coucher du soleil et après le coucher du soleil. L'appel à la prière est lancé du minaret par le muezzin, de la façon suivante : « Allah est grand (4 fois) ; j'atteste qu'il n'y a d'autre divinité qu'Allah (2 fois) ; j'atteste que Mahomet est l'envoyé d'Allah (2 fois). Venez à la prière (2 fois) ; venez au salut (2 fois) ; Allah est grand (2 fois) ; il n'est d'autre divinité qu'Allah » (cité par Dominique Sourdel, *L'Islam*, PUF, coll. « Que sais-je ? », 18e éd., 1995).

Pour prier le croyant ne doit pas être en état d'ivresse, il doit se purifier par une ablution soit générale, soit réduite, il enlève ses chaussures afin d'éviter la souillure du sol où il se déplace pour ses activités et préserver ainsi la pureté légale du tapis de prière ou de la mosquée. La prière peut se faire partout, la face dirigée vers La Mecque (II, 144).

Le vendredi, la prière de midi doit être faite à la mosquée. Elle est alors accompagnée par une prédication. Au départ, elle était faite par le calife, par la suite par des docteurs instruits de la loi islamique. Dans la mosquée une niche, le mihrab, indique la direction de La Mecque. Les croyants s'alignent en rangs serrés, sans distinction liée au rang social. Ils suivent la prière dirigée par un officiant, en silence. Elle commence par la formulation d'intention dont fait partie la première surate, la *fatiha*, puis les textes rituels et la profession de foi. L'assemblée s'exprime par des inclinaisons et des gestes. La prière à la mosquée ne concerne que les hommes, les femmes ne sont pas tenues à ce rituel.

• **Le jeûne du ramadan.** « O vous qui croyez ! le jeûne vous est prescrit. Le Coran a été révélé durant le mois de ramadan » (II, 183 et 195). Ce jeûne fut instauré sans doute à Médine et remplaça une pratique préislamique, le jeûne du dixième jour. Le mois de ramadan est celui de la révélation. On jeûne le jour, on fête la nuit. « Mangez et buvez jusqu'à ce que l'on puisse distinguer à l'aube un fil blanc d'un fil noir, jeûnez ensuite, jusqu'à la nuit » (II, 187). Le jeûne n'est pas obligatoire pour les malades et les voyageurs, qui peuvent d'ailleurs le faire à un autre moment. Le début du jeûne est annoncé officiellement par les autorités, à l'apparition de la nouvelle lune. Le calcul, d'après les mois lunaires, date du Xᵉ siècle. Le ramadan est un mois exceptionnel, un temps de fête pour tous les croyants. A la fin du ramadan, la fête de rupture du jeûne comporte une prière solennelle et des dons aux pauvres. Le jeûne doit apporter la purification au croyant.

• **L'aumône légale** joue aussi un rôle de purification. Il faut se détacher des biens de la terre, une partie doit en être restituée à Allah. Organisée au départ comme une collecte, elle est devenue une aumône à caractère caritatif puis un simple impôt. L'aumône légale ne remplace d'ailleurs pas le devoir d'aider spontanément les plus pauvres.

• **Le pèlerinage.** Son sens est le retour aux origines de la révélation, vers la Ka'ba où se trouve la Pierre noire. Chaque musulman a pour obligation, s'il en est capable, de le faire au moins une fois dans sa vie : « Accomplissez pour Allah le grand et le petit pèlerinage » (II, 196). Le premier est le pèlerinage rituel, à date déterminée, qui rassemble de grandes foules ; le second est le pèlerinage individuel, qui peut se faire à n'importe quel moment de l'année. Ce pèlerinage a été instauré pour faire pendant au pèlerinage juif à Jérusalem ; il remplace l'ancienne coutume arabe du temps du polythéisme où les tribus venaient déjà rendre un culte à la Pierre noire. L'islam en a fait une pratique rituelle. Si le croyant est incapable de se rendre à La Mecque, il peut racheter le pèlerinage par des offrandes et le jeûne.

Durant le pèlerinage « le pèlerin devra s'abstenir de toute cohabitation avec une femme, de libertinages et de disputes » (II, 197). La pureté rituelle est à respecter, jusqu'aux habits.

Le pèlerinage, qui revêt donc deux formes, est complexe et dure plusieurs jours. Il comprend deux parties. Le petit pèlerinage, qui peut donc s'accomplir toute l'année (bien qu'au départ il avait lieu durant le mois sacré), est l'*omra*. Il consiste surtout en sept déambulations rapides autour de la Ka'ba. Construction rectangulaire en pierre recouverte d'un voile noir, elle contient, enchâssée dans un des angles, la Pierre noire qui constituait, dès avant l'islam, l'emblème de la sacralité du lieu. Depuis la révélation, ce lieu sacré de même que la totalité du territoire de La Mecque et de Médine sont interdits aux non-croyants. La Ka'ba est entourée d'une cour et le croyant doit se purifier avant d'y entrer.

Le grand pèlerinage, ou *hajj*, est collectif et à date fixe, entre le 7 et le 10 du mois de *dhou'l-hijja*. Le 7 se tient un prêche à la mosquée de la Ka'ba. Le 8, au coucher du soleil, les pèlerins se déplacent vers Arafat, à dix-neuf kilomètres de la Ka'ba, s'arrêtant à Mina pour la nuit. Le lendemain, ils se tiennent debout en adoration sur la colline d'Arafat. Au coucher du soleil se situe la course, le déferlement vers Mozdalifa : « Vous déferlez d'Arafat » (II, 198). Le 10, les pèlerins reviennent à Mina, où a lieu la lapidation d'une stèle avec sept cailloux ramassés à Mozdalifa, puis le grand sacrifice auquel s'associe l'ensemble du monde musulman, la fête de l'*al'îd al-kabîr*. Le pèlerinage s'achève par trois jours (les 11, 12 et 13) de jets de cailloux symbolisant la lapidation de Satan, le retour aux lieux sacrés et à la Ka'ba. Avant de rentrer chez lui, le pèlerin peut s'arrêter à Médine, où se trouve le tombeau du Prophète.

Si le pèlerinage a un impact religieux important, il joue aussi un rôle social et politique. Les musulmans de toutes tendances et de tous les pays se retrouvent à La Mecque, de plus en plus nombreux. C'est l'occasion d'affirmer la solidarité de l'islam et son importance. C'est aussi un moment de commerce et d'échanges de toutes sortes.

En dehors de la pratique de ces cinq obligations, le musulman est tenu par des prescriptions personnelles : la prière individuelle, le jeûne pour racheter ses fautes, l'aumône et le pardon envers ses frères, les interdits alimentaires (ils concernent la viande de porc et le vin ; de plus, tout animal est saigné) ; la circoncision pour le jeune musulman ; le djihad, lutte contre l'infidélité à l'islam sous toutes ses formes.

L'ensemble de ces pratiques donnent une grande unité au monde musulman, malgré sa diversité.

d. L'*umma*

La vie sociale qui découle de l'application de la loi islamique favorise les liens entre musulmans. Le Coran enseigne la fraternité et l'égalité : « Les croyants sont frères » (XLIX, 10), les Arabes et tous les peuples convertis à l'islam. La langue arabe, qui s'est imposée partout comme langue sacrée, est utilisée pour la lecture du Coran et pour la prière, ce qui pose d'ailleurs des problèmes dans les communautés non arabes, comme celle de la Turquie contemporaine. Le calendrier, le statut et le code juridiques issus du Coran et de son interprétation rapprochent le monde musulman au-delà de l'unité politique qui le caractérisait au début mais qui a été de courte durée. En effet, les bouleversements provoqués par la conquête ottomane puis le démantèlement progressif de l'Empire ottoman, ont profondément modifié l'islam en favorisant les nationalismes. Néanmoins, depuis le XIXe siècle, des voix s'élèvent pour rétablir l'*umma*, cette communauté des premiers siècles musulmans.

3. L'ÉVOLUTION DU MONDE MUSULMAN

Après une évolution très rapide dans les premiers temps, l'islam va connaître à partir du XVIe siècle une stagnation puis un recul, avant la période contemporaine, qui voit une reprise de son expansion.

A. LA PÉRIODE D'EXPANSION

- **L'unité autour du calife.** L'extension de l'islam a été rapide, fulgurante sous le calife Omar. La Syrie est conquise, la Perse, la Mésopotamie sont touchées, de même que l'Égypte et la Cyrénaïque. Mu'awiya établit le principe dynastique et installe sa capitale à Damas. Cette dynastie, les Omeyyades, seront les vrais organisateurs du nouvel empire. Les régions conquises sont toutes chrétiennes et il y subsiste un judaïsme important. La nouvelle dynastie va utiliser ses nouveaux sujets pour se faire traduire les textes grecs et syriaques en arabe. Ainsi, les nouveaux maîtres pourront mettre en place une véritable administration, qui n'existait pas à Médine. Présenté comme une réforme du monothéisme, l'islam est accepté dans cette Syrie ouverte depuis des siècles à tous les courants hétérodoxes, d'origine chrétienne. Cette osmose sert l'islam car elle lui permet de se transformer en religion universelle, et pas seulement arabe, grâce aux juristes et aux théologiens, désormais rompus aux pratiques byzantines et juives. Ses nouvelles structures permettent à l'islam de s'étendre jusqu'en Occident (Maghreb, Espagne) et en Extrême-Orient (Chine).

Cependant, les querelles entre factions eurent raison de la dynastie omeyyade. Les Abbassides lui succèdent. La tradition est alors mise par écrit. Le pouvoir du calife, installé à Bagdad, est renforcé, de même que l'administration. Celle-ci devient plus tatillonne et plus contraignante avec les juifs et les chrétiens : l'impôt auquel ils sont soumis s'alourdit, les mesures restrictives et discriminatoires qui se répandent sont ressenties comme des humiliations (porter des vêtements et des coiffures distinctifs, limiter la hauteur de leurs maisons, ne posséder ni armes, ni chevaux, ni esclaves musulmans, alors que les musulmans ont des esclaves chrétiens, pratiquer leur culte avec discrétion...). Ces pratiques, nées en Orient, vont se répandre jusqu'en Espagne. Les juifs abandonnent l'hébreu au profit de l'arabe ou du judéo-arabe.

● **La dislocation.** Dès le VIIIe siècle, l'empire se disloque : l'émirat andalou devient autonome, de même que les royaumes du Maghreb. La dynastie des Abbassides est remplacée au Xe siècle par celle des Fatimides, des chiites, implantés en Égypte, aux pratiques violentes. Mais cette nouvelle dynastie recule dès le XIe siècle pour disparaître, vaincue par les chrétiens latins qui veulent récupérer les Lieux saints chrétiens passés sous le contrôle des musulmans, et par les Seldjoukides, des Turcs sunnites. Les Seldjoukides, dont l'avance est stoppée pendant deux siècles par les chrétiens francs, installés en Orient, se tournent alors vers l'Asie Mineure. L'arrivée des Mongols met fin au califat de Bagdad. Ces Mongols étaient bouddhistes mais avaient aussi des chrétiens nestoriens dans leurs rangs. Il sera question, un moment, d'une alliance entre Francs et Mongols. Mais les hésitations des uns et des autres permettent aux Mamelouks d'Égypte de battre les premiers et de refouler les seconds. Finalement, au XVIe siècle, un Turc apparenté aux Seldjoukides, Osman, impose son pouvoir sur l'islam. Il conquiert toute l'Asie Mineure – Constantinople tombe en 1453 –, puis l'Europe balkanique. Cet empire, trop grand, ne va pas tarder à décliner. Après Soliman le Magnifique (1520-1566), ce pouvoir trop autoritaire étouffe tout mouvement de civilisation. Au moment où l'Europe occidentale s'engage dans la modernité et commence son expansion dans le monde, l'Empire ottoman s'engourdit et s'enfonce dans des crises qui lui seront fatales. Le calife, fédérateur de cet immense empire, ne peut le maintenir. Partout les nationalismes prennent le dessus. L'Espagne redevient chrétienne. Des querelles de toutes sortes enveniment l'islam ; les religieux influencent le choix des successeurs au poste de calife. Le déclin de l'Empire ottoman se poursuit au XIXe siècle, et le « Grand Turc », le calife ottoman qui avait implanté sa capitale à Constantinople devenue Istanbul, perd peu à peu les Balkans et le Proche- et Moyen-Orient.

B. LE RECUL DE L'EMPIRE OTTOMAN

a. La fin de l'Empire ottoman

Au XIXe siècle, les Ottomans commencent à réaliser l'importance de leur retard et entament les premières réformes. Mais leur reflux aboutit au démantèlement de l'empire, consacré par le traité de Sèvres de 1920. Ataturk s'empare de la Turquie et en fait une république laïque, après avoir supprimé le califat, véritable révolution.

b. La rencontre avec l'Occident

L'islam subit aussi le choc de la rencontre avec l'Occident. Dès le XIXe siècle, Français et Anglais s'implantent dans le Bassin méditerranéen, où les structures et les modes de vie sont restés médiévaux. L'instruction, dispensée par les missions et l'administration des métropoles, touche des classes aisées de musulmans, où commence à se forger une élite occidentalisée. L'arrivée des colons juifs en Palestine, au début du XXe siècle, est un nouveau choc. La déclaration Balfour évoque la création d'un « Foyer national juif » dans ce pays alors en majorité arabe et musulman. Dans le monde arabe, colonisé et démantelé, déçu de n'avoir pas obtenu un grand État après la Première Guerre mondiale, des voix s'élèvent pour revendiquer l'indépendance, l'unité de l'islam et le retour aux sources.

C. LES COURANTS DE RÉNOVATION

a. Les aspirations de l'islam

Des courants de rénovation se développent au Proche-Orient. Les chrétiens de ces régions, soutenus par l'arrivée des chrétiens d'Europe, connaissent une véritable émancipation. Les musulmans aspirent eux aussi à la réforme, d'autant plus qu'on envoie les jeunes se former en Europe. Une réaction se dessine en Égypte, en Tunisie, en Algérie, en Turquie, dès le début du XXe siècle. Elle réclame une réorientation de la culture islamique et une conversion des mentalités. C'est un échec, le poids de la tradition étant trop lourd. Il faudra attendre la décolonisation pour voir émerger des réformateurs tel Jinnah en Inde, Bourguiba en Tunisie, Nasser en Égypte. Tous souhaitent promouvoir leur pays, l'ouvrir davantage au monde contemporain.

b. La nouvelle extension de l'islam

L'islam connaît en Afrique un essor important. Il propose une religion simple, qui autorise la polygamie, interdite par les chrétiens. L'islam s'étend aussi en Asie. En Occident, il progresse grâce à l'immigration et à la croissance démographique qui l'accompagne. Les pays islamiques riches prennent en charge ces communautés d'Europe et financent la construction des mosquées et la formation des imams.

Ce monde musulman disparate est tiraillé entre intégristes, qui veulent conserver la totalité du système religieux dans un monde où il est difficile de l'appliquer, et les fondamentalistes, qui veulent revenir aux sources de l'islam. Chaque État garde jalousement ses coutumes, ses interprétations. Il en est de même en Occident, où chaque groupe reste lié à sa communauté d'origine. Cette situation nuit aux musulmans qui voudraient pratiquer leur religion tout en s'insérant dans la société occidentale et dans les pays où ils vivent.

Dans les nations en développement, l'islam pèse souvent très lourd sur les coutumes, en particulier sur la situation de la femme dont l'égalité avec les hommes est rarement reconnue. Si quelques pays font de réels efforts pour progresser dans cette direction, des associations intégristes ou fondamentalistes les menacent.

En voulant appliquer intégralement la loi islamique, les ultras freinent l'émancipation et les progrès vers la démocratie dans leurs pays, et ils nuisent à l'islam tout entier, ce qui ne manque pas de susciter crainte et appréhension en Occident.

RÉALISATION : CURSIVES À PARIS
IMPRESSION : AUBIN IMPRIMEUR À POITIERS
DÉPÔT LÉGAL JANVIER 1999. N° 35848 (L 57295)